MURRAY G. HALL / GEORG RENÖCKL

Welt in Wien

**DER PAUL ZSOLNAY VERLAG
1924 BIS 2024**

Paul Zsolnay Verlag

Mit freundlicher Unterstützung von: Bundesministerium für Kunst, Kultur, öffentlicher Dienst und Sport; Kulturabteilung der Stadt Wien, Literatur und Wissenschaft; Literar-Mechana Wahrnehmungsgesellschaft für Urheberrechte Ges.m.b.H.; Kunstreproduktion Wien Gerald Schedy; Druckerei Friedrich Pustet, Regensburg und Salzer Papier GmbH, St. Pölten

literar_{mechana}

1. Auflage 2024
ISBN 978-3-552-07393-7
© 2024 Paul Zsolnay Verlag Ges. m. b. H., Wien
Satz: Nadine Clemens, München
Umschlag und Motiv: © Peter-Andreas Hassiepen, München
Inhaltspapier: Salzer EOS, naturweiß
Druck und Bindung: Friedrich Pustet, Regensburg
Printed in Germany

MIX
Papier | Fördert
gute Waldnutzung
FSC® C014889

Welt in Wien

INHALT

»Als Verleger geeignet …« — 9
»Wie wäre es mit Paul von Zsolnay?« — 13
Wie die großen deutschen Verlage gegründet wurden — 21
Zur Psychologie des Verlegererfolges — 33
Besuch bei Verlegern: Paul von Zsolnay — 37
Bibliothek zeitgenössischer Werke — 40
Tasten und Lavieren — 46
… Business as usual? Business as usual! — 52
Der Verlag unter Karl H. Bischoff — 57
Als der Krieg zu Ende war — 62
Der Verlag nach dem Tod des Gründers — 70
Intermezzo — 71

Murray G. Hall *Zur Geschichte einer Geschichte* — 73

Die schöne Leich' lebt — 79
Zsolnay *noir*. Mankell und die Folgen — 88
Versuchsstation für die Weltrettung — 95
Wälder, Metropolen: Karl-Markus Gauß und Franz Schuh — 102
Große Wanderungen — 106
Ein Buch verändert die Stadt — 112
Große Köpfe — 120

Mächtige Macht — 124
Wo ist zuhause? — 125
Verbrannt, verbannt, vergessen — 130
Sache Sachbuch — 137
Reihen — 148
Theater, Kino und Musik — 151
Die Mitte Europas und der Rest der Welt — 152
Salonfähig — 167
Deuticke (2005 bis 2019) — 177
Werkausgaben — 181

»Weit von wo«
    Gespräch mit Herbert Ohrlinger — 183

Weiterführende Literatur — 195
Bildnachweis — 197
Register — 198

»ALS VERLEGER GEEIGNET ...«

Nach dem Ersten Weltkrieg erlebte der Verlagsbuchhandel in Österreich einen beispiellosen Aufschwung, neue Verlage schossen wie Pilze aus dem Boden. Mitte des zweiten Jahrzehnts herrschte allerdings schon wieder Flaute. Das Österreich der Monarchie hatte zwar eine Reihe von renommierten Fachverlagen aufzuweisen – Frick, Braumüller, Manz, Gerold, Freytag & Berndt, Hölder –, aber der belletristische Bereich war, sieht man vom Verlag Carl Konegen, vom Deutsch-Österreichischen Verlag und vor allem vom Wiener Verlag ab, aus verschiedenen Gründen noch unterentwickelt. Zu einer Phase der Gründung von sogenannten Kulturverlagen, die in Deutschland 1886 mit Samuel Fischer den Anfang nahm und sich etwa mit Albert Langen, Eugen Diederichs, Georg Müller, Reinhard Piper, Anton Kippenberg, Ernst Rowohlt, Kurt Wolff fortsetzte, kam es in Österreich(-Ungarn) vor 1914 nicht oder bestenfalls in Ansätzen. Der Urheberrechtsschutz – Österreich-Ungarn trat der Berner Convention (1886) nicht bei – war mangelhaft, und so war der Piraterie Tür und Tor geöffnet. Im Gegensatz zu Deutschland, wo die Gewerbefreiheit 1869 eingeführt wurde, war in Österreich die Verleihung von Konzessionen, die nur den Sortimenter-Verleger und nicht den »Nur-Verleger« kannten, an eine besondere Befähigung und den Lokalbedarf gebunden. Und sie wurde nach zeitgenössischen Darstellungen restriktiv gehandhabt.

So ist es nicht verwunderlich, dass österreichische Autoren nicht nur im letzten Viertel des 19. Jahrhunderts, sondern auch im angehenden neuen Jahrhundert mit ihrem Werk nach Berlin und Leipzig gravitierten. »Jung-Wien« erschien in Berlin bei S. Fischer, Autoren deutschnationaler Provenienz veröffentlichten bei L. Staackmann in Leipzig. Mit anderen Worten: Die Literatur erschien großteils außerhalb der Landesgrenzen. Trotz Bemühungen in der jungen österreichischen Republik, die Autoren gleichsam zu repatriieren, änderte sich an der Dominanz deutscher Verlage bei österreichischen Autoren oder, anders formuliert, an der überwältigenden Präsenz österreichischer Autoren in deutschen Verlagen vor 1933 nicht grundlegend viel. Ob das Publizieren »im Ausland« tatsächlich als Problem empfunden wurde, darf zudem bezweifelt werden.

Zahlreiche Neugründungen nach der Ausrufung der Ersten Republik blieben Eintagsfliegen, und nicht nur die mit geringem Kapital ausgestatteten Ein-Mann-Verlage, sondern auch die, die dank einer soliden Kapitalbasis rasch expandierten und in Aktiengesellschaften umgewandelt wurden, konnten sich nicht lange halten. Beispiele gibt es genug: die Wiener Literarische Anstalt/WILA (gegründet 1919), die ein ehrgeiziges Programm mit vielen österreichischen Autoren entwickelte, der vom literarisch dilettierenden Bankier Richard Kola gegründete Konzern Rikola Verlag A. G., der in vielerlei Hinsicht innovativ wirkte, sowie die Literaria A. G.: Sie fielen früh der wirtschaftlichen Entwicklung zum Opfer, die von Inflation und zahlreichen Bankenzusammenbrüchen oder aber groben Managementfehlern gekennzeichnet war. Bemerkenswerte Ausnahmen gab es trotzdem, wie das Beispiel des langlebigen E. P. Tal & Co. Verlags (gegründet 1919) zeigt. Aber kaum ein neues, in Wien ansässiges Verlagsunternehmen konnte sich auf dem gesamten deutschsprachigen Buchmarkt eine solche Geltung schaffen wie der Paul Zsolnay Verlag.

Paul Zsolnay fasste 1955 sein Credo als Verleger zusammen: »Man hat an mich oft die Frage gerichtet, wie man mit Erfolg einen Verlag aufbaut, und ich kann dazu nur ein Wort sagen, das eigentlich auch auf andere Berufe zutrifft: dieses eine Wort heißt Liebe. Liebe zum Buch, zu den Menschen, denen man mit Büchern eine Freude bereiten möchte, und – last not least – Liebe zu den Menschen, denen wir Bücher verdanken. Wenn man mich fragt, wie groß diese Liebe sein soll, möchte ich den Untertitel der bei mir erschienenen Anthologie *Liebe* zitieren: Das Maß der Liebe ist lieben ohne Maß.

Der Umgang mit den Autoren ist für die meisten Verleger recht schwer. Die Autoren haben oft das Gefühl, dass der Verleger sie ausnützen will, während der Verleger wiederum oft das Gefühl hat, dass er es ist, der von den Autoren ausgebeutet werden soll. Diese vorgefasste Meinung ist die Keimzelle der meisten Differenzen. Ich hatte es da viel leichter. Ich war, bevor ich Verleger wurde, ein ehrsamer Landwirt, der nach Absolvierung der Hochschule für Bodenkultur in Wien sein Gut in Pressburg verwaltete. Ich habe auch diesen Beruf mit Liebe ausgeübt und hatte die Genugtuung, dass mein Weizen in manchen Jahren der beste der Gegend war.

Franz Werfel (Mitte) mit Paul und Andy Zsolnay in Santa Margherita Ligure

Auf unserem Familiengut hatte ich durch meine Mutter, die es infolge ihrer Begeisterung für alles Große, das wir der Kunst verdanken, verstand, einen Kreis von Künstlern heranzuziehen, die Gelegenheit, viele Autoren kennenzulernen. Zu unseren Freunden zählten Gerhart Hauptmann, Richard Strauss, Hugo von Hofmannsthal, Franz Werfel, Arthur Schnitzler, Felix von Weingartner, Felix Salten, Graf Coudenhove-Kalergi, der bei uns sein Pan-Europa-Buch zum größten Teil geschrieben hat. Ich hatte von allem Anfang an zu den Autoren die Einstellung, die ich zu allen Menschen habe. Ich zitiere wieder den Titel eines Buches, das ich herausgegeben habe: *Mensch wie du und ich*. Es war im Jahre 1923, als unzufriedene Autoren sich während ihres Aufenthaltes auf unserem Besitz eines Abends über ihre Verleger bitter beschwerten. Ob mit Recht oder Unrecht, weiß ich nicht. Plötzlich erhob sich in ihrer impulsiven Art die Gattin des Grafen Coudenhove, die Schauspielerin Ida Roland, und sagte: ›Es erscheint mir unwürdig, dass wir, wie illoyale Dienstboten über ihre Herrschaft, über unsere Verleger herziehen. Wäre es nicht besser, wir würden versuchen, einen neuen Verleger zu finden? Wie wäre es mit Paul von Zsolnay? Er ist ein guter Organisator und versteht etwas von Literatur?‹ Die Anwesenden stimmten zu, und als Franz Werfel mir seinen ersten großen Roman, *Verdi – Roman der Oper*, anbot, entschloss ich mich sozusagen von einem Tag auf den anderen, einen Verlag zu gründen.

Ich verstand vom Verlagswesen gar nichts; noch heute, nach über dreißig Jahren verlegerischer Tätigkeit, bin ich kein wirklicher Fachmann, und oft muss ich von meinen Mitarbeitern, die viel mehr von technischen Einzelheiten wissen als ich, hören, dass das eine oder andere, was ich wünsche, gegen die Regeln verstößt. Wenn ich mich trotzdem oft dem Rat dieser Fachleute nicht unterwarf, tat ich das, indem ich ihnen sagte, ich weiß, meine Herren, dass Sie das viel besser verstehen als ich, aber ich leite nun dieses Unternehmen und trage die volle Verantwortung. Ich bestehe daher darauf, dass die Dinge so blöd gemacht werden, wie ich es wünsche. Und es ist dennoch, und vielleicht gerade deshalb gegangen.«

»WIE WÄRE ES MIT PAUL VON ZSOLNAY?«

Im Herbst 1939 – Paul Zsolnay hatte etwa ein Jahr davor Wien verlassen, seinen Verlag in die Hände ausgesuchter Vertrauensleute übergeben und eine neue Existenz in London aufgebaut – teilte der Verleger seinem langjährigen Autor Felix Salten mit, dass er seine freie Zeit dazu nutze, um ein Buch zu schreiben. Seinen Erinnerungen gab er den selbstironischen Titel *Als Verleger ungeeignet*. Zwei Kapitel waren so gut wie fertig: »Verlag und Politik« und »Galsworthy wird am Continent berühmt«. Der nachdenkliche Nachsatz lautete: »Ich weiß nicht, ob das Buch irgendeinen Verleger finden wird, für mich aber wird es einen Wert haben, da es mich an bessere Zeiten erinnert, an Zeiten, in denen ich das Gefühl hatte, etwas leisten zu können.«

Schloss Oberufer bei Pressburg

Terrasse von Schloss Oberufer: 1. Reihe (von links): Tilly von Hatvany, Andy von Zsolnay, Ada und John Galsworthy; 2. Reihe: Paul und Adolf von Zsolnay

Für ein Unternehmen, das »von einem Tag auf den anderen« von einem jungen Blumenzüchter gegründet und geführt wurde, der vom Büchermachen zunächst wenig verstand und der sich rückblickend für den Verlegerberuf als »ungeeignet« einstufte, hat sein Verlag ein erstaunlich langes, zähes Leben gehabt. Und seine Geschichte deckt sich im Wesentlichen mit der Geschichte der österreichischen Literatur im zwanzigsten Jahrhundert.

Peter Paul Zsolnay wurde am 12. Juni 1895 in Budapest geboren, wuchs großteils in der Türkei auf, zog aber in jungen Jahren mit seiner Familie nach Wien, wo er teilweise Privatunterricht nahm und teilweise eine öffentliche Schule besuchte. Der Vater Adolf von Zsolnay (mit bürgerlichem Namen Adolf Wix), ein Großindustrieller, war ein erfolgreicher, ja überaus wohlhabender Tabakhändler in der Habsburgermonarchie und nebenbei ein bedeutender Antikensammler. Nach der Matura besuchte der junge Paul auf Wunsch des Vaters die Hochschule für Bodenkultur in Wien, um Landwirtschaft zu studieren, damit er später das Familiengut mit einem riesigen Gärtnereibetrieb in Oberufer, nahe Bratislava (Pressburg), etwa fünfzig Kilometer von Wien, verwalten konnte. Hier wurden nicht nur prämierte Rosen gezüchtet; der Weizen war, so Zsolnay rückblickend, in manchen Jahren der beste und begehrteste der ganzen Gegend. Also: Nicht ungleich Eugen Diederichs hatte Zsolnay zu Beginn, das heißt, bis er Verleger wurde, mehr mit der Landwirtschaft zu tun als mit Büchern. Dass er von einem Tag auf den anderen Verleger wurde, hat eher mit Zufall und indirekt mit seiner kunstsinnigen Mutter Amanda, geborene Wallerstein, Andy genannt, zu tun. Nach zahlreichen Vorgesprächen mit zeitgenössischen Schriftstellern wurde der Paul Zsolnay Verlag 1924 in das Handelsregister eingetragen. Der unmittelbare Anlass zur Gründung dürfte ein gesellschaftliches Treffen auf dem Familiengut in Oberufer geliefert haben. Die Mutter Zsolnays, eine Gesellschaftsdame, lud regelmäßig Autoren und Künstler ein, darunter Richard Strauss, Franz Werfel, Alma Mahler, Arthur Schnitzler, Felix Salten, Richard Coudenhove-Kalergi und seine Frau, die Schauspielerin Ida Roland, aber auch John Galsworthy und Gerhart Hauptmann.

In den Zirkeln der Schriftsteller wurde zu dieser Zeit wieder einmal viel über die Verleger geschimpft. Neben einigen öffentlichen gab es auch viele private Rechnungen, die es zu begleichen galt. Man könnte von einem Zeitalter der unzufriedenen Autoren sprechen, denn manche hielten ihre Verleger in Deutschland – zu Unrecht, muss man sagen – für Betrüger, die ihnen zu geringe Honorare auszahlten. Faktum war, dass durch die rasante Inflation in Deutschland die vertraglich vereinbarten Honorarzahlungen am Zahltag einfach nichts mehr wert waren. Kein Wunder also, dass die Autoren ihren Verlegern die Schuld an ihrer unsicheren Existenz gaben. Das, was Paul Zsolnay letztlich veranlasste, einen Verlag in Wien zu gründen, hatte also erstens viel mit der damaligen Wirtschaftslage und zweitens mit der Situation der belletristischen Verlage zu tun. Ab November 1923 nahmen die Pläne immer konkretere Formen an.

> *II.*
> *Amortisation.* — Herr Paul von Zsolnay erwirbt für seine Person gegen Bezahlung von 18 000 Mk vom K. Wolff Verlag die Verlagsrechte an meinen bisher vom K.W.V. verlegten Werken. Die hierfür gezahlten 18 000 Mk sind von mir Herrn v. Zsolnay amortisationsweise zu ersetzen. Die Amortisation geschieht in der Weise, dass dem Verlag Zsolnay von jedem seit Abschluss dieses Vertrages verkauften Band der unter III erwähnten neuen Gesamtausgabe ein Betrag von 50 Pf. gutkommt, der von Ihnen von der mir gutkommenden Buchtantieme abgezogen werden darf. Die 18 000 Mk sind von mir nicht zu verzinsen.
>
> Zur Amortisation dienen 3 Jahre lang auch die Neuauflagen des Romanes "Der Kopf" und die Erstauflagen künftiger neuer Werke, wie unter Ziffer IV ausgeführt.
>
> Nach Amortisation obiger 18 000 Mk unterliegen die auf den Ladenpreis zugeschlagenen 50 Pf wieder der Honorarpflicht. (VI)

Heinrich Mann, ein gebranntes Kind in der Wahl seiner Verlage und gerade auf der Suche nach einem neuen, war einer von vielen Autoren, die die Gründung – zunächst aus taktischen Gründen – aus nächster Nähe verfolgten. Für ihn (und andere) war materielle Sicherheit ein starkes Argument. Er wandte sich unter anderen an Richard Coudenhove-Kalergi mit der Bitte um nähere Auskünfte über den geplanten Verlag und dessen Gründer. Das Ziel Paul Zsolnays sei es, so Coudenhove, das Verlagsgeschäft auf eine anständige Basis zu bringen. Zsolnay habe vor, den übrigen Verlegern mit gutem Beispiel voranzugehen und diese zu zwingen, seinem Beispiel aus Selbsterhaltungstrieb zu folgen.

> -tige Anzahl von Exemplaren meiner Werke zu dem billigsten Preis zu beziehen, zu dem sie an Sortimenter abgegeben werden. Soweit in diesem Vertrag nichts anderes vereinbart ist, oder zwischen uns im einzelnen Fall künftig vereinbart wird, beträgt die normale Höhe einer jeden Auflage eines jeden Buches lediglich 1000 Exemplare und dürfen jeweils höchstens 5 Auflagen nach Erschöpfung der Bestände gedruckt werden.
>
> Alle in Frage kommenden Abrechnungen aus dem gegenwärtigen Vertragsverhältnis haben halbjährlich zu erfolgen.
>
> 5. Juli 1925 Heinrich Mann

Auszüge aus der Vereinbarung mit Heinrich Mann, 5. Juli 1925

Dass die Verleger im Umgang mit den Autoren nicht grundsätzlich unanständig waren, steht auf einem anderen Blatt. Coudenhove konnte nur Gutes berichten – das Unternehmen wolle sich um die Existenzsicherung der Autoren großzügig kümmern. Zur Person des Neo-Verlegers hieß es, Zsolnay sei »ein politisch linksstehender Idealist« und – für Heinrich Mann wohl genauso wichtig – habe ein solches Einkommen, »dass bei seiner Verlagsgründung die Hoffnung auf Gewinn keinerlei Rolle spielt«. Im November 1923 intensiviert sich auch der Austausch zwischen Paul Zsolnay und Arthur Schnitzler. Am 25. November notierte der Schriftsteller in seinem Tagebuch: »Z. N. bei Zsolnays.

> An den
> Paul Zsolnay Verlag,
> Wien I Teinfaltstrasse 3.
>
> Ich erhielt von Ihnen folgendes Schreiben:
>
> Hochwohlgeboren
> Herrn Dr. A r t h u r   S c h n i t z l e r ,
>   W i e n   XVIII. Sternwartestrasse 71.
> Hochverehrter Herr Doktor!
>   Auf Grund der zwischen uns gepflogenen Besprechungen erlaubt sich der gefertigte Verlag an Sie nachstehendes Anerbieten zu richten:
> 1.) Herr Dr. Arthur Schnitzler betraut den Verlag mit der alleinigen Ausübung und Vertretung seiner Autorenrechte an seinem Werk " Fräulein Else" für alle Länder und für die Dauer der gesetzlichen Schutzfrist.
> 2.) Der gefertigte Verlag verpflichtet sich, das Vertragswerk zwei Monate später, nachdem der Autor dem Verlag die Ermächtigung zum Erscheinen des Werkes gegeben hat, erscheinen zu lassen.
> 3.) Der Verlag druckt von dem Buch 10 Auflagen à 1000Exemplare , nach Massgabe des Absatzes weitere ; jedenfalls neue Auflagen sobald nur 1500 Exemplare der letzten Auflage vorrätig sind.
> 4.)Herr Dr Arthur Schnitzler erhält als Tantiéme 20% vom Ladenpreis des verkauften Exemplares, sowohl vom broschierten als auch vom gebundenen, als auch von eventuell herauszustellenden vom Autor signierten Luxusexemplaren.
> 5.)Als Garantiesumme erhält Herr Dr. Arthur Schnitzler bei Vertragsabschluss 5000(fünftausend) schw. Frcs.
> Nach Verkauf der ersten 4000 Exemplare wird die Garantiesumme auf das Honorar nach 10.000 verkauften Exemplaren ergänzt, wobei angenommen wird, dass 2/3 gebun-

Schönes palaisartiges Haus. Sympathische Hausfrau. Gatte abwesend. Die zwei Söhne. Der eine will (nebstbei, ohne Gewinnabsicht) einen Verlag gründen. Alma, Werfel, Salten und Frau, Graf Rich. Coudenhove (der im letzten Jahr sehr berühmt wurde) und Gattin (Roland) Verwandte. Verlagsgespräche u. a. –« Drei Tage später erhält Schnitzler Besuch von Paul Zsolnay und Salten, der Gesprächsstoff ist der gleiche. »Salten kommt mit dem jungen Zsolnay, der einen Verlag gründet. Über

> *gelangen.*
>
> *14.) Ergeben sich zwischen einem Autor und dem Verlag Differenzen, so ist die Kontrollkommission anzurufen, welche eine Schlichtung der Angelegenheit zu versuchen hat. Gelingt eine solche nicht, so entscheidet über die Streitfrage ein inappelables Schiedsgericht, in welches sowohl der Autor als auch der Verleger je einen der in Vetragsverhältnis stehenden Autoren oder Buchsachverständigen wählt. Diese beiden wählen einen Senatsvorsitzenden eines Wiener Gerichtshoffes als Vorsitzenden. Die Kosten des Schiedsgerichtes trägt der unterliegende Teil.*
>
> *Wir rechnen es uns zur hohen Ehre an, Sie, hochverehrter Herr Doktor, zu den Autoren unseres Verlages zählen zu dürfen und bitten Sie, überzeugt sein zu wollen, dass der Verlag alles daran setzen wird, sich des in ihn gesetzten Vertrauens in jeder Beziehung würdig zu erweisen.*
>
> *Mit dem Ausdrucke unserer besonderen Verehrung*
>
> **Paul Zsolnay Verlag**
> *Wien, 22. Juli 1924.* ppa Costa.
>
> *Ich erkläre mich mit dem Inhalt dieses Schreibens völlig einverstanden.*

Auszüge aus dem Vertrag mit Arthur Schnitzler über »Fräulein Else«, 22. Juli 1924

den Namen (›Verlag der Autoren‹ oder ›Hohe Warte‹). – Eventualitäten meine Werke betreffend; auch Übernahme der Ges. Werke erwogen. Angeregtes Gespräch über 2 Stunden. –«

Einige der günstigen Voraussetzungen für den neuen Verlag sind schon genannt worden. Coudenhove teilte Heinrich Mann mit, dass Aussicht auf großzügige Voraushonorare und auf die Möglichkeit bestehe, dass die Autoren persönlich oder über Vertrauensmänner »eine weitestgehende Kontrolle über die Geschäftsgebarung aus(üben können), die jeden Betrug ausschließt«. Unstimmigkeiten zwischen Autor und Verlag würden vor einem Schiedsgericht ausgetragen, und die Autoren würden am Reingewinn des Verlags partizipieren. Solches hat Arthur Schnitzler wohl gemeint, als er von »verlegerischen Absichten uneigennütziger Natur« sprach. In der beneidenswerten und einmaligen Lage, den neuen Verlag nicht gewinnorientiert führen zu müssen, spielte Geld, dank der finanziellen Rückendeckung durch die Eltern Paul Zsolnays, keine Rolle. Was für die inflationsgeplagten Autoren besonders anziehend war, war die Zahlung der Honorare in einer harten Währung ihrer Wahl.

Ein weiterer Pluspunkt war Zsolnays Wahl von Felix Kostia-Costa als literarischer Direktor. Ungleich seinem Chef hatte er bereits – im Bereich der Gesellschaft für graphische Industrie und des ILF-Verlags Erfahrung gesammelt. Es war für den jungen Verlag auch ein Glücksfall, dass er bereits eingeführte Autoren und deren Gesamtwerk ins Programm übernehmen konnte. Im Fall Zsolnays waren es vornehmlich, aber nicht ausschließlich unzufriedene Autoren des Kurt Wolff Verlags, wie Franz Werfel, Heinrich Mann und Max Brod, die nicht erst beworben werden mussten und die mit den ansehnlichen Konditionen in Wien durchaus zufrieden sein konnten.

Die ersten Vertragsabschlüsse erfolgten bereits vor Ende 1923. So verhandelte Felix Costa mit Leon Schalit, dem Wiener Übersetzer der Werke John Galsworthys, wegen der Übernahme des englischen Autors. Die Visitkarte des noch nicht eingetragenen Unternehmens verriet das idealistische Programm:

»Paul Zsolnay, der Gründer und Eigentümer unseres Verlages, hat von der kulturellen Mission des Verlegers durchdrungen einen Verlag ins Leben gerufen, dessen Aufgabe künstlerisch darin besteht, hochwertigste Literatur zu pflegen und dessen geschäftliche Einstellung seinen ideellen Hochzielen entsprechend bei kaufmännischer und verlagstechnisch genauester Führung den neuen Gedanken bringt, die Autoren am Reingewinn zu beteiligen, ihnen jederzeit Bucheinsicht zu gewähren und in Streitfällen sich einem Schiedsgericht, das aus einem Verlagsvertreter, einem Autor und einer objektiven Persönlichkeit von Rang besteht, zu unterwerfen.«

Von der kulturellen Mission ist in einem Brief Paul Zsolnays aus dem Jahr 1925 an die Frau von Max Brod die Rede. Die Verlagsphilosophie umschreibt Zsolnay wie folgt: »Die deutschen Dichter sind durch die trostlosen Verhältnisse der Kriegs- und Nachkriegszeiten schwer geschädigt. Es scheint daher notwendig, ihnen eine Heimstätte zu bieten, die ihnen all jene Vorteile zukommen lässt, die dem Wert ihrer Arbeit entsprechen. [...] In der Erfüllung unserer kulturellen Mission liegt es, wirklich bedeutende Werke der ausländischen Literatur dem deutschen Publikum zu vermitteln, doch nur unter der Voraussetzung, dass deren Herausgabe eine literarische Notwendigkeit darstellt. Im Interesse unseres erstgenannten Grundprinzips ist hier strengste Auswahl geboten, um den größten Teil unserer Kraft den deutschen Dichtern zu widmen.« Damit war das Verlagsprogramm festgelegt.

WIE DIE GROSSEN DEUTSCHEN VERLAGE GEGRÜNDET WURDEN

In einer Reihe von Verlegerporträts der *Literarischen Welt* wird Paul Zsolnay im Frühjahr 1928 folgendermaßen zitiert: »Ihre Frage nach jenem ›fruchtbaren Augenblick‹, der mich zu meinem verlegerischen Beruf innerlich bestimmt hat, ist nicht zu beantworten. Denn aus der Vielfalt der Erinnerungsbilder meiner geistigen Entwicklung taucht dem Rückschauenden kein einziger Augenblick auf, dem diese entscheidende Bedeutung beizumessen wäre. Vielmehr war es ein langwieriger Prozess, dessen einzelne Stadien mir heute ineinanderfließen, der in mir aus der passiven Leidenschaft des Bewunderers literarischer Kunstwerke den Wunsch nach aktiver verlegerischer Tätigkeit entwickelt hat. Ich muss mich daher darauf beschränken, Ihnen einige biografische Daten zur Verfügung zu stellen, aus denen zwar nicht die zwingenden komplizierten Ursachen, wohl aber äußere Anlässe, die zu meinem Entschluss führten, zu ersehen sind.

Für einen rein praktischen Beruf bestimmt, war ich nach Absolvierung der Hochschule für Bodenkultur einige Jahre mit der Leitung meines landwirtschaftlichen Besitzes bei Pressburg beschäftigt. Ich nahm ein Amt als Landwirt durchaus ernst und hatte die Freude, meine Arbeit mit Erfolg belohnt zu sehen. So gelang es mir z. B., meine kleine Schloss-Gärtnerei zur größten Blumenzüchterei der Tschechoslowakei auszugestalten. Meine starke Neigung zu literarischer Betätigung bestand dessen ungeachtet ungeschwächt fort, viele glückliche Umstände vertieften sie sogar.

Hiezu muss ich in erster Linie meinen Verkehr mit schöpferischen Menschen rechnen, die ich als Knabe schon in frühester Jugend im Hause meiner Eltern kennenlernen durfte, die mir dann später geistige Wegweiser wurden und mit denen mich heute herzliche Freundschaft verbindet.

Visitenkarte der Gärtnerei von Paul Zsolnay

Der leidenschaftlichen Liebe zu Büchern, die mich schon frühzeitig erfasst hatte, konnte ich mich dann später in der Abgeschiedenheit, die die Ausübung meines landwirtschaftlichen Berufes mit sich brachte, ungehemmt hingeben. Die langen Winterabende auf dem Lande gaben mir viel Zeit zu auserlesener Lektüre, an der sich mein Geschmack bilden und mein Urteil reifen konnte.

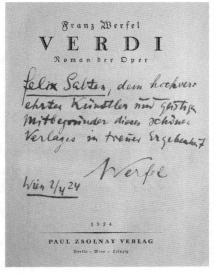

Widmung Franz Werfels für Felix Salten, 2. April 1924

Die Übereinstimmung in literarischen Problemen, die ich bei häufigen Diskussionen mit Dichtern und Schriftstellern in mir erkennen konnte, die Tatsache, dass ich Einzelnen von ihnen als Berater oft zur Seite stehen durfte, ließ in mir allmählich den Gedanken Gestalt gewinnen, mich in Zukunft nicht nur beratend zu verhalten, sondern mich mittätig mit voller Verantwortung für sie und ihre Werke einzusetzen. Die drückenden Krisenjahre, die dem Umsturz folgten, waren für die Autoren in geistiger und wirtschaftlicher Beziehung sehr schwer. Es war daher selbstverständlich, dass sie gerade damals über ihre Zukunftssorgen besonders oft mit mir sprachen, und diese Gespräche waren für mich von ausschlaggebender Bedeutung.

Sie wiesen mir mit zwingender Notwendigkeit endgültig den Weg zur Tat. Nun schien mir der äußere Augenblick gekommen, mich auf einem Gebiete zu betätigen, betätigen zu müssen, das meinen wahren Neigungen am allernächsten lag, und ich schritt, gestützt auf das Vertrauen meiner Freunde, die mir ihre neuen Werke anvertrauen wollten, nach reiflichster Überlegung zur Vorbereitung der Verlagsgründung. Um diese Zeit hatte Franz Werfel eben seinen Verdi-Roman vollendet, und als er meine Bitte, mir sein neues Werk anzuvertrauen, erfüllte, war ich tief beglückt, mit der Herausgabe dieses Romanes meine verlegerische Tätigkeit beginnen zu können.«

Zirka 950 Titel erschienen zwischen 1924 und 1945 im Paul Zsolnay Verlag. Im Sinne der oben zitierten Mission lässt sich die Gesamtproduktion kurz charakterisieren.

Da ist zunächst die ausländische Belletristik zu nennen. Als der Redakteur einer deutschen Buchhandelszeitschrift Paul Zsolnay und Felix Costa Mitte der zwanziger Jahre in den Verlagsräumlichkeiten in der Wiener Prinz-Eugen-Straße aufsuchte, sprach er wörtlich von einem »Literaturministerium für Äußeres«. In der Fachsprache formuliert, gelang es Zsolnay, mehrere Autoren auf dem deutschen Buchmarkt durchzusetzen, allen voran den späteren Nobelpreisträger John Galsworthy. Am Beispiel Galsworthy lassen sich einige Gründe für den Gesamterfolg, sowohl in literarischer als auch in finanzieller Hinsicht, ausmachen. Es mag banal klingen, aber die Werbung hatte oberste Priorität, und gerade bei Galsworthy steckte Zsolnay so enorme Summen in die Werbung (*Börsenblatt*-Anzeigen, Sonderprospekte, Plakate), dass andere an fahrlässige Krida gedacht haben mögen. Bis 1938 würde Paul Zsolnay mit wichtigen Tageszeitungen und Zeitschriften (hier vor allem mit der *Neuen Freien Presse* und mit seinem treuen Paladin Felix Salten) engen Kontakt pflegen und geschickt Vorabdrucke von Neuerscheinungen platzieren. Gewiss kam dem Verlag auch die mäzenatische Rolle, die Paul Zsolnay beim Kulturbund und beim PEN-Club spielte, durchaus zugute. Bereits das dritte Buch des Verlages – *Der Menschenfischer* – stammt von John Galsworthy. Im ersten Produktionsjahr erschienen allein vier Titel des englischen Autors.

Als sich Leon Schalit Ende der zwanziger Jahre im Auftrag Galsworthys an den Verlag wandte, um mehr Geld für den Autor zu verlangen, erläuterte Verlagsdirektor Costa, wie hoch die Werbekosten für die Werke Galsworthys bis dahin gewesen waren. »Absolut vertraulich« – Informationen über die Ausgaben sollten der Konkurrenz nicht verraten werden – teilte Costa mit, dass der Verlag über 200 000 Schilling

16. Juli 1925

Lieber Herr Zsolnay,
Leon Schalit hat mir Ihren freundlichen Wunsch mitgeteilt, von mir eine Fotografie zu besitzen, und ich freue mich, sie Ihnen mit dem Ausdruck meiner großen Wertschätzung Ihres Wohlwollens, das Sie meinem Werk entgegenbringen, zuzusenden. Es war für mich eine große Befriedigung, nun ganz (oder fast ganz) in den Händen einer Firma wie der Ihren zu sein. Ich hoffe nur, dass ich Sie als Autor nicht enttäuschen werde. Ich hoffe, dass wir einander bald begegnen, und bleibe inzwischen, mit allen freundlichen Wünschen,

sehr herzlich Ihr
John Galsworthy

allein für die Galsworthy-Werbung ausgegeben hatte – nach heutiger Kaufkraft sind das Millionenbeträge. Die ausgezahlten Honorare betrugen über 400 000 Schilling. Jedes der verkauften Bücher war weiters noch mit 7,5 Prozent vom Ladenpreis nur für Werbung belastet. Das war gewiss ein Extremfall, aber dennoch ein Zeichen dafür, welche Bedeutung die Werbung für den Verlag hatte, und auch ein Hinweis dafür, dass Zsolnay in der glücklichen Lage war, sich solche Werbung leisten zu können.

Zum Zweiten war es das Ziel des Verlages, einen Autor und nicht bloß ein Werk zu verlegen. Der Wunsch von Zsolnay, Alleinverleger eines Autors zu werden, also das Gesamtwerk zu betreuen, wurde von der Gegenseite, das heißt von den Rechteinhabern, manchmal weidlich ausgenützt. Es wurde hoch gepokert, und in der Regel erreichte der Verlag sein Ziel. Meist kam es zum Abschluss eines Generalvertrages, zudem wurden Monatsrenten vereinbart. Wenn man an den langfristigen Erfolg denkt, muss erwähnt werden, dass Zsolnay über die Jahre auch das schuf, was man heute unter Corporate Identity versteht.

Stichwort Buchausstattung: Das Streifenmuster auf dem Umschlag der Zsolnay-Bücher eroberte die Aufmerksamkeit der breiten Leserschichten wie auch der literarischen Zirkel. Die Bücher waren unverwechselbar. In diesem Zusammenhang ist der Name des Künstlers Rudolf Geyer, der das äußere Erscheinungsbild der Zsolnay-Bücher entscheidend prägte, zu nennen.

Galsworthy war bei weitem nicht der einzige Zsolnay-Autor, der den Nobelpreis für Literatur erhielt: Vor 1938 wurden auch Roger Martin du Gard, Sinclair Lewis und Pearl S. Buck ausgezeichnet, nach dem Zweiten Weltkrieg kamen weitere hinzu. Was die deutschsprachige Literatur betrifft, so bot Zsolnay der Niedergang des Kurt Wolff Verlags in Deutschland in der ersten Hälfte der zwanziger Jahre die einmalige Chance, Autoren einzukaufen, namentlich: Franz Werfel, Heinrich Mann, dessen Werk Zsolnay binnen weniger Jahre in einer Gesamtausgabe edierte, Max Brod, Carl Sternheim, Kasimir Edschmid und viele andere.

Das erste Buch des neuen Verlags war Franz Werfels *Verdi. Roman der Oper*, der Anfang April 1924 auf den Markt kam. Paul Zsolnay soll sich nach verschiedenen Darstellungen bereiterklärt haben, »auf diesem Buch einen Verlag« aufzubauen. Werfel war mit *Verdi* seit 1920 an den Kurt Wolff Verlag gebunden; Wolff legte dem Autor nichts in den Weg und stimmte einer Freigabe zu. Werfel sollte der am besten

Originalumschläge von »Fräulein Else« und »Tycho Brahes Weg zu Gott«

honorierte Autor des Zsolnay Verlags werden: Er erhielt die erste Auflage (10 000 Exemplare) im Voraus honoriert und kassierte die Summe von 10 000 Schweizer Franken. Beträge wie diese übertrafen in einer krisengeschüttelten Zeit bei weitem die Möglichkeiten anderer Verlage. Werfel erhielt das höchste Honorar (jeweils im Voraus bezahlt), das Paul Zsolnay einem Autor zahlte, nämlich 22 Prozent des Ladenpreises.

Solange der Zsolnay Verlag keine Gewinne machen musste und der Verkauf der Bücher Werfels nicht nachließ, war die hohe Beteiligung kein Problem. Erst als Werfel ab 1933 vom deutschen Markt ausgeschlossen wurde, seine Bücher nur mehr in Österreich, der Schweiz und im fremdsprachigen Ausland verbreitet werden durften, die Auflagen sanken und der Absatz stagnierte, war diese großzügige Honorierung nur mehr mühsam aufrechtzuerhalten. Andere prominente Autoren erhielten in der Regel 15 bis 20 Prozent. Werfels *Verdi*-Roman wurde zu einem überwältigenden Erfolg und zugleich zu Zsolnays erstem Bestseller. Das Buch verkaufte sich in diversen Ausgaben bis 1930 mehr als 200 000-mal. Zu einem Coup im ersten Jahr avancierte Arthur Schnitzlers Novelle *Fräulein Else*. Innerhalb von sechs Wochen waren die ersten 25 000 Exemplare verkauft, nach einem Jahr waren es 45 000. Weniger Erfolg war dem Werk des 1919 im Alter von 24 Jahren verstorbenen, expressionistischen Lyrikers und Dramatikers Hans Kaltneker beschieden, das Zsolnay in Erinnerung an eine Jugendfreundschaft verlegte. Dafür entwickelte sich der Roman *Ariane. Ein russisches Mädchen* von Claude Anet zu einem Bestseller. Bis Anfang 1933 erreichte das Buch eine Auflage von 201 000 Exemplaren.

Erwähnenswert in Zusammenhang mit dem Programm der ersten beiden Jahre sind die Ausgaben von »Musikerbriefen«. Bereits im Dezember 1923 kam der Verlag mit Alma Mahler überein, von Gustav Mahler *Briefe 1879–1911* herauszugeben. Als fünftes Verlagswerk erschien eine Ausgabe der Briefe Richard Wagners an Hans Richter, und Ende Dezember 1925 konnte der Verlag den von Dr. Franz Strauss unter Mitarbeit von Hugo von Hofmannsthal herausgegebenen Briefwechsel zwischen Richard Strauss und Hofmannsthal in einer Auflage von 10 000 Exemplaren auf den Markt bringen. Eine Ausgabe der Briefe Tolstois im Jahre 1925 war der vorläufige Abschluss dieser Editionen. Zumindest in der ersten Phase nach der Gründung, als die Konturen des Programms nicht feststanden, dachte man auch an die Edition von Kunstbüchern. Auf Vorschlag des Kritikers Paul Stefan wurde der »Zeitkunst-Verlag« im Herbst 1924 ins Leben gerufen. Der erste von Stefan herausgegebene Titel lautete *Arnold Schönberg. Wandlung – Legende – Erscheinung – Bedeutung*. Warum Zsolnay dieses Unternehmen nicht weiterführte, geht aus den spärlichen Hinweisen im Verlagsarchiv nicht hervor. Richard Spechts für die Reihe geplante Monographie *Franz Werfel. Versuch einer Zeitspiegelung* erschien erst 1926. Ganz zog sich Zsolnay jedoch nicht aus dem Kunstbuchbereich zurück: 1930 erschien Otto Nirensteins (Kallir) grundlegende Arbeit *Egon Schiele. Persönlichkeit und Werk*.

Nach langwierigen Verhandlungen wurde Heinrich Mann 1924 letztlich doch Autor des Zsolnay Verlags. Rückblickend bedeutete die

»Abwerbung« von Heinrich Mann zwar einen Prestigeerfolg für Zsolnay, sie war aber alles andere als ein Geschäft. Im Gegenteil. Das lag zum einen an den großzügigen Honoraren, denen keine entsprechenden Eingänge gegenüberstanden, zum anderen an Manns »Seitensprüngen«, an den hohen Übernahmekosten wie auch daran, dass der Markt für viele der übernommenen, einst erfolgreichen Titel (die in Zsolnays Gesamtausgabe aufgenommen wurden) schlicht und einfach gesättigt war. Ähnlich erging es Zsolnay Anfang der dreißiger Jahre mit dem Einkauf des vor allem für seine Biographien bekannten Emil Ludwig.

In den Vertragsverhandlungen mit Heinrich Mann bewies Paul Zsolnay einerseits Mäzenatentum – er wollte Heinrich Mann, koste es, was es wolle –, andererseits eine Gutmütigkeit, die ihresgleichen suchte. Wie die spärlich erhaltene Korrespondenz zeigt, war Mann nahezu paranoid, wenn es um Verträge (die er später entweder nicht einhielt oder zu seinen Gunsten auslegte) ging. Als über eine Vereinbarung wegen der Amortisierung der vom Kurt Wolff Verlag übernommenen Bände verhandelt wurde, ortete der Schriftsteller gar eine »unter Umständen *lebensgefährliche* Stelle des Vertrags«. Mann erhielt ein Honorar von 20 Prozent.

Mit einiger Verspätung kam der Wolff-Autor Max Brod zum Zsolnay Verlag. Schuld daran war die rechtlich komplizierte Trennung vom Leipziger Verlag. Bis Brod als auf dem deutschen Buchmarkt verfemter Autor auf Exilverlage ausweichen musste, war die Verbindung für beide Seiten von Vorteil. Beinahe wäre Zsolnay 1924 durch die Vermittlung Max Brods Verleger der Schriften Franz Kafkas geworden.

Nur wenige Wochen nach Kafkas Tod bot Brod den Nachlass seines Freundes mehreren Verlagen an. Als das »freundliche Anbot« Brods in Wien eintraf, zeigte Felix Costa großes Interesse. Er ersuchte Brod – was wohl üblich und notwendig war – um die Überlassung des Nachlasses für kurze Zeit, um sich ein Bild vom Umfang und eine Kalkulation zu machen. Zu einem Abschluss kam es nicht, da Brod sich anderweitig entschied. Brod war auch sonst als Vermittler tätig. Auf seine Empfehlung hin meldeten sich Joseph Roth mit dem Manuskript *Zipper*

Rodaun, 20.12.27

Lieber Herr v. Zsolnay,

Schreyvogl* sagt mir, dass seine neuen Gedichte, die ich seit dem Herbst kenne, bei Ihnen liegen. Ob Sie dieselben nun bringen, das steht ja ohne Zweifel unter geschäftlichen u. verlagspolitischen Erwägungen, die in keiner Weise von außen beeinflusst werden können. Aber ich hätte gerne ausgesprochen, dass es meines Erachtens (und ich kenne sie jetzt ziemlich genau) schöne u. wertvolle Gedichte sind, die zu bringen mehr Ehre als Unehre bringen kann. In diesem oesterreichischen Dichter scheint sich mir eine tiefe u. wahrhaft dichterische Natur mit etwas anderem, allzu weitläufigen, sonderbar zu mischen, aber man darf darüber das Dichterische nicht verkennen.

* Friedrich Schreyvogl (1899 bis 1976), österr. Schriftsteller, die Gedichte erschienen 1928 unter dem Titel *Die geheime Gewalt*.

Werfels Erzählungen* haben mich ebenso gefesselt als nachhaltig beschäftigt. Sonderbar dass er als Material, Gerüst usw. lauter Schnitzlerische Motive nimmt u. dann daraus etwas so höchst Eigenartiges macht. Ich würde gerne mit ihm über die Sachen reden, leider ist er schon wieder fort! – Es ist mir unendlich reizvoll an ihm, u. meinem Wesen sehr homogen, dass er sich in so verschiedenen Formen ausdrückt. Seine Novellen grenzen wieder am engsten an die Gedichte.

Ich grüße Sie herzlich u. empfehle mich sehr Ihrer Frau Mutter
Ihr Hofmannsthal

* Gemeint ist der Novellenband *Geheimnis eines Menschen* (1927).

und sein Vater, Fritz Brügel, Oskar Baum, Robert Walser, Friedrich Torberg, Ludwig Winder und Hans Natonek bei Zsolnay.

Zu Abschlüssen kam es mit Natonek (*Der Mann, der nie genug hat, Geld regiert die Welt oder Die Abenteuer des Gewissens, Kinder einer Stadt*). Winder fand seinen Weg zu Zsolnay erst in den achtziger Jahren im Rahmen der »Bücher der böhmischen Dörfer« (und dann 2014 mit seinem Opus magnum *Der Thronfolger*) und mit ihm Fritz Brügel und Oskar Baum. Friedrich Torberg debütierte bei Zsolnay im Februar 1930 mit *Der Schüler Gerber hat absolviert*. Die Startauflage (5000 Ex.) war nach vier Wochen vergriffen, so dass weitere 3000 aufgelegt wurden. Bis 1935 wurde der Roman mehr als 10 000-mal verkauft (die deutschsprachige Gesamtauflage des in viele Sprachen übersetzten Buches beträgt heute knapp eine Million Ex.). Der auf persönlichen Erfahrungen basierende Erstling erregte Aufsehen, und zwar nicht nur wegen des Themas, sondern auch wegen der handelnden Personen, vor allem in Prag. Lehrer erkannten sich wieder, darunter ein gewisser Prof. Arnold Schwefel, den Torberg in der Gestalt des »Gott Kupfer« verewigt hatte. Im April 1930 schrieb Torbergs Mathematiklehrer am Smichover Realgymnasium eine Postkarte an den Zsolnay Verlag mit der Bitte um ein kostenloses »Widmungsexemplar« von Torbergs Roman. Felix Costa war von diesem Ansuchen überrascht, da ihm dieser Herr unbekannt war und solche Bitten gewöhnlich nicht auf diese Weise an den Verlag ergingen; er schrieb an Torberg, man müsste Professor Schwefel fragen, wo er das Buch zu besprechen gedenke: »Nun glauben wir in der Ansicht nicht fehl zu gehen, dass Professor Arnold Schwefel in näherer Beziehung zu Ihrem Buch steht oder sich doch solches einbildet. Wir schicken Ihnen anbei die Karte Professor Schwefels ein, damit Sie uns freundlichst mitteilen, ob es sich nicht vielleicht um irgendeinen Streich handelt, den irgendjemand Professor Schwefel spielen will. Wir bitten Sie überhaupt um Ihre Äußerung zu diesem Fall, wobei wir betonen möchten, dass wir großen Wert darauf legen, dass die an uns gerichtete Bitte Professor Schwefels in Prag nicht bekannt wird.« In der Zwischenzeit war Schwefel von einem Mitarbeiter des *Prager Tagblatts* zum Roman interviewt worden. Dieses Gespräch hatte eine große Zahl von Publikumsreaktionen zur Folge und wurde auch von anderen Blättern aufgegriffen. Torberg antwortete Costa: »Es handelt sich hier um keinen Scherz, ich kenne die Handschrift des Herrn genauer, als mir lieb ist; er bildet sich auch durchaus zu Recht ein, etwas mit meinem Roman zu tun zu haben: Professor Schwefel ist nämlich mit Gott Kupfer so gut wie identisch. Mir persönlich schiene es die befriedigendste Lösung, wenn Sie sich nichts wissen machten und Prof. Sch. tatsächlich anfragten, ob und wo er das Buch zu besprechen gedenkt oder wodurch er sonst ein Recht auf ein Gratisexemplar zu haben glaubt.« 1932 erschien bei Zsolnay ein zweiter und letzter Roman Torbergs: – *und glauben, es wäre die Liebe. Ein Roman unter jungen Menschen.* Das Erscheinen weiterer Werke unterblieb, nicht zuletzt, weil Bücher Torbergs nicht mehr nach Deutschland verkauft werden konnten.

ZUR PSYCHOLOGIE DES VERLEGERERFOLGES

»Welchen literarischen Verleger wird man einen erfolgreichen Verleger nennen? Meiner Ansicht nach den Verleger, der die größten Bucherfolge aufzuweisen und der durch sein bisheriges Wirken den Beweis erbracht hat, dass er es versteht, die Erfolgselemente, die den anvertrauten Büchern innewohnen, zur vollen Auswirkung gelangen zu lassen, wodurch er jedes von ihm edierte Buch zu dem jeweilig größtmöglichen Erfolg führt.

Wovon nun scheint mir der Erfolg des Verlegers abhängig und welche Mittel zur vollen Ausschöpfung eines solchen sind ihm gegeben? Jener Verleger wird wohl die meisten großen Bucherfolge verzeichnen, der das geistige Bedürfnis des besten Leserkreises, den zu gewinnen er von Haus aus bestrebt sein soll, und Bücher herausgibt, die eben diesem geistigen Bedürfnis am meisten Rechnung tragen. Diese Feststellung und aufgrund ihrer die Auswahl zu treffen, ist natürlich das Allerschwierigste, besonders wenn der Verleger dabei von dem richtigen Standpunkt ausgeht, dass er auch ein Buch trotz klar zutage tretender Erfolgsmöglichkeiten nicht bringen würde, wenn es ihm eben nicht in den Rahmen seines literarischen Programmes passt. Er wird natürlich die Auswahl umso leichter und glücklicher treffen können, je größer das Angebot ist, das an ihn herantritt. [...] Dieses Anbot wird von dem Vertrauen abhängen, das die Autoren in den Verleger setzen.

Der Autor darf vom Verleger verlangen:
1 Verständnis für seine dichterischen Absichten.
2 Leidenschaftliche Hingabe an sein Werk.
3 Würdige und wirkungsvolle Ausstattung.
4 Eine ausgezeichnete und weitverzweigte Organisation des Vertriebs und einen Propaganda-Apparat, der es versteht, geschmackvolle und doch wirksame Propaganda zu betreiben.
5 Absolute kaufmännische Korrektheit (dem Autor als Geschäftsfremdem doppelt wichtig).

Nur wenn ein Verleger alle diese berechtigten Ansprüche vollkommen erfüllt und darüber hinaus sein wärmstes persönliches Interesse und seine vollste innere Bereitwilligkeit dem ihm anvertrauten Werk entgegenbringt, wenn er es nicht als ein Objekt geschäftlichen Profits, sondern als ein Dokument dichterischer Schöpfungskraft betrachtet, das der Allgemeinheit zu vermitteln ihm höchste Aufgabe darstellt, nur dann besteht die wichtigste Voraussetzung für einen erfolgreichen Verleger: das Vertrauen der Autoren. Nur ein Verleger, der sich dieses Vertrauen zu erwerben verstand und es sich auch erhalten kann, wird auf die Dauer Erfolg haben können.

Nehme ich nun das Vertrauen der Autoren als gegeben an und damit das große Anbot, dann hat der Verleger aufgrund dieses großen Angebotes die Möglichkeit, die besten Bücher bringen zu können. Wenn der Verleger nun mit Verständnis und Tatkraft die Herausgabe dieser Bücher bewerkstelligt, wird es ihm allmählich gelingen, auch das Vertrauen der Leser zu erwerben. Als kulturellen Bundesgenossen wird der Verleger die Kritik an seiner Seite haben, wenn er seinen hochgesteckten Zielen treu bleibt. Das ehrgeizige Streben des Verlegers muss nun darauf gerichtet sein, den Namen seines Verlages zu einer Marke zu machen, die eine so suggestive Kraft auf das Publikum ausübt, dass dieses, ohne eine Enttäuschung fürchten zu müssen, zu den Publikationen des betreffenden Verlegers greift; dies ist besonders für junge, noch nicht durchgesetzte Autoren von größter Wichtigkeit.

Zwischen Publikum und Verlag schaltet sich die werktätige Mitarbeit des Sortimentsbuchhandels ein, dem es traditionell obliegt, das Publikum bei seiner Auswahl zu beraten. Da aber der Buchhändler bei der Überfülle von Neuerscheinungen trotz bestem Bemühen nicht immer die physische Möglichkeit hat, alle Bücher genau zu lesen, muss auch er die Gewissheit allmählich erlangen, dass ein Verlag nur gute und wertvolle Bücher publiziert, dass er also die Bücher dieses Verlages seinen Kunden mit gutem Gewissen empfehlen kann.

Der Verleger aber darf sich nicht damit begnügen, die bestmögliche Auswahl getroffen zu haben, er muss diese auch durch eine Propaganda unterstützen, die im Publikum keine falschen Erwartungen erweckt; als Reaktion einer falschen Propaganda stellen sich Enttäuschung und Verärgerung ein. Damit soll natürlich nicht gesagt werden, dass der Verleger sich bei der Propagierung seiner Verlagswerke kühler Zurückhaltung befleißen soll. Im Gegenteil, er soll alle Vorzüge des Werkes voll auf sich einwirken lassen, er hat nicht nur das Recht, sondern auch die Pflicht, diese Vorzüge dem Publikum auf das Sinnfälligste vor Augen zu führen. In einer aufrichtigen und begeisterungsvollen Propaganda muss er eine seiner wesentlichen Aufgaben erblicken.«

Paul Zsolnay

Obwohl Zsolnay keine Unterscheidung zwischen einem deutschen und einem österreichischen Autor traf, kann man nicht übersehen, dass er, nicht zuletzt weil er nicht unter Zwang stand, Geld zu verdienen, durchaus risikofreudig agierte. Er hat mit seinem Programm nicht nur eine Reihe fremdsprachiger Autoren durchgesetzt, er hat auch eine Vielzahl von österreichischen Autoren aufgenommen und gefördert. Zu nennen sind Leo Perutz, Egmont Colerus, Hilde Spiel, Friedrich Torberg, Walther Eidlitz, Paul Frischauer, Grete von Urbanitzky, Oskar Jellinek, Ernst Lothar, Franz Theodor Csokor, Robert Neumann, Hugo Sonnenschein-Sonka, Andreas Thom, Roda Roda, Viktor Wittner, Jakob Haringer, Theodor Kramer, Stefan Grossmann und viele andere mehr.

Das »Literaturministerium für Äußeres« vergrößerte sich in den zwanziger und dreißiger Jahren. Aus Amerika übernahm er Pearl S. Buck, Theodore Dreiser und Fanny Hurst. Russische Literatur war durch Valentin Katajew, Leonid Leonow, Ilja Ilf und Evgenij Petrow vertreten, Ende der zwanziger Jahre stieß Schalom Asch zu Zsolnay, aus Frankreich kamen Roger Martin du Gard, Colette, Martin Maurice, Eduard Estaunié, Pierre Dominique, Henri Barbusse, J. R. Bloch, aus Großbritannien neben Galsworthy auch H. G. Wells, John Cowper Powys und A. J. Cronin. Skandinavische Literatur (Moberg, Lyttkens, Jensen, Jacobsen) und ungarische Gegenwartsliteratur (Lajos Zilahy, Franz Molnár, Zsigmond Móricz, József Nyiró) wurden in den dreißiger Jahren forciert. Sogar eine Übersetzung aus dem Chinesischen (*Fräulein Tschang. Ein chinesisches Mädchen von heute* von Hai Schang Schuo Mong Jen) gab es im Programm. Besonderen Erfolg hatte der Verlag mit dem Werk des italienischen Diplomaten Daniele Varè (u. a. *Der lachende Diplomat, Der Schneider himmlischer Hosen, Die letzte Kaiserin*).

BESUCH BEI VERLEGERN:
PAUL VON ZSOLNAY

»Vornehm das Haus, der Mann, das Programm. Einheitlich das Äußere, der Wille und der innere Gehalt. Kein Geschäftshaus – das Castiglioni-Palais. Riesenräume mit großen Fenstern und einer Aussicht auf einen fürstlichen Park. Schwere rote Vorhänge und verschiebbare Glastüren. Das Chefzimmer – ein Riesensalon; Sitzungssaal und Konferenzerker. Alte Möbel und weiche Teppiche. Weniger ein Verlagsbureau, eher Diplomatenappartement. Große Ausländer (Galsworthy, Baring, Anet, Berence, Tschechow) herrschen vor: sozusagen ein Literaturministerium für Äußeres.

Der Mann: ein scharfgeschnittenes Gesicht, lebhafte Augen, spitzes Kinn, sensibel, übernervös.

Besonders die langen Finger der schmalen Hand zittern unaufhörlich. Die Gestalt hager, schlank. Die Rede energisch und sicher. Etwas von einem Adler. (Das notwendige Gleichgewicht – Ikarus, nicht zu hoch! – scheint der assistierende Direktor Costa herzustellen.)

Herr von Zsolnay erzählt: Vor zwei Jahren, am 7. April 1924, haben wir mit dem *Verdi*-Roman von Werfel begonnen. Das erfolgreiche Buch war ein Programm.

– Inwiefern?

Es ist ein positives Buch. Kein Bluff. Und nun geht es über den Bluff her. Das Alpha und Omega des Verlagsprogrammes von Zsolnay ist der Kampf gegen Bluff; nur wirklich wertvolle Bücher, deren innerer Wert den Erfolg sichert, gibt und will in der Zukunft der Zsolnay-Verlag herausgeben. Wenn wir auch ein Buch bekämen, das einen sicheren Publikumserfolg verspricht, in Wirklichkeit aber nur zeitbedingte Marke ist, wir würden das Buch nicht bringen, so ungefähr sagt Herr von Zsolnay. Und man kann ihm glauben; sowohl die bisherigen Leistungen des Verlages als auch die Persönlichkeit des Verlegers bieten hiefür Gewähr.

Gegen Neues verschließt sich Zsolnay nicht; doch ist er ein Feind der

Paul Zsolnay

Schablone. Wie es manche Verleger glauben, schaffen zu können: sechs neue Genies jährlich entdecken, das macht er nicht mit. Nur aus Ehrgeiz und Prinzip entdecken ist nicht sein Metier. Wie viele haben denn von den Neuentdeckten nach einigen Jahren noch Bedeutung? Von dreißig drei, erlaube ich mir einzuwerfen. Ein zu großer Prozentsatz, rufen Herr von Zsolnay und Direktor Costa gleichzeitig aus. Deutsche Verleger haben in den letzten Jahren überhaupt keinen neuen bedeutenden Dichter entdeckt.

Im Zsolnay-Verlag kamen doch manche Jungen zum Wort. Paul Frischauers Dürer-Roman wird genannt. War das Buch ein Erfolg? Nicht zahlenmäßig, denn die Leute haben heute kein Geld für solch große Epen, aber moralisch: Den Roman haben Kritiker und Maler gelobt. Und schließlich bedeutet der Roman im Schaffen des Autors eine Entwicklungsstufe; es folgen bald: *Maske Mensch* und *Rawajak* – Hoffentlich werden die nächsten Entwicklungsstufen Frischauers ganze Erfolge.

Der Stolz des Zsolnay-Verlages – und das mit vollem Recht – ist die Entdeckung Galsworthys für Deutschland und – was das Wichtigste ist – seine Durchsetzung. Galsworthy konnte in Deutschland lange Zeit hindurch – seine Werke erschienen bei Bruno Cassirer – kaum festen Fuß fassen [...]

Man fühlt es: der große Wurf der ersten zwei Jahre des Zsolnay-Verlages heißt – Galsworthy.

Die nächste Zukunft: zwei Romane von Galsworthy: *Die dunkle Blume* und *Der weiße Affe,* der auch in England eine Novität ist. Eine Fortsetzung der *Forsyte Saga.* Von Colerus ein großer Marco-Polo-Roman. Sternheim gibt in seinem Essaybuch *Lutetia* einen Querschnitt durch

Europa und greift in der *Schule von Uznach* wieder einmal das Jungmädchenproblem auf. Von Tschechow soll ein Band unbekannter Novellen erscheinen. Eine darunter: *Der schwarze Mönch* soll besonders schön und interessant sein. *Novellen aus drei Jahrtausenden* heißt das nächste Buch von Walther Eidlitz. Darunter eine Lenin-Novelle. Von Franz Werfel kommt eine dramatische Legende: *Paulus unter den Juden* – eine reiche Auslese also. Und jeder Tag kann noch Neues bringen, bemerkt zum Schluss Herr von Zsolnay.

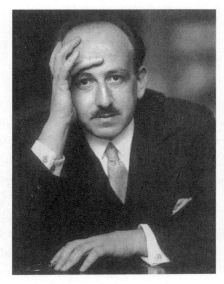

Freund und Berater: Felix Salten

Schaffensfreude, Energie des Beginns, sicherer Wille, vielleicht sogar ein wenig Optimismus – seltene Eigenschaften in dieser weinerlich-klagenden Zeit.«

Dr. Leopold Thaler

Die Romanproduktion beherrschte das Verlagsprogramm der Jahre 1924 bis 1945. In den dreißiger Jahren wurde das Sachbuch gepflegt, und ganz allgemein wurden nur sehr wenig Lyrikbände herausgegeben, und wenn, dann in kleiner Auflage und am ehesten von einem Autor, den man unter Vertrag hatte, im Rahmen des Gesamtwerks.

BIBLIOTHEK ZEITGENÖSSISCHER WERKE

Im Herbst 1929 folgte Zsolnay einem Trend am deutschen Buchmarkt und entschloss sich, eine »Billigbuchreihe« unter dem Namen *Paul Zsolnays Bibliothek zeitgenössischer Werke* in der Schweiz (mit Sitz zuerst in Bern, danach in Zürich) zu gründen. Anfangs ging es – wie bei den Konkurrenten – um die weitere Verwertung gängiger Verlagstitel, das heißt, Werke des Wiener Hauses zu popularisieren und zu wohlfeilen Warenhauspreisen anzubieten, um neue Käuferschichten zu erreichen. Die Reihe begann mit Franz Werfels Roman *Der Abiturientetag* und bot auch Werke von Max Brod, H. G. Wells, Egmont Colerus, Sinclair Lewis, Heinrich Mann, Schalom Asch, Paul Frischauer, Kasimir Edschmid, Walter von Molo und anderen. Warum der unabhängige Ableger in der Schweiz gegründet wurde, ist nicht ohne weiteres einsichtig, doch nach 1933, als das vergangene wie auch künftige Werk zahlreicher Zsolnay-Autoren im Deutschen Reich nicht mehr erwünscht war, diente die *Bibliothek zeitgenössischer Werke* dazu, diesen Autoren eine Publikationsstätte und Verdienstmöglichkeit zu geben. So konnte Zsolnay – produziert wurde nur bis 1935 – Autoren wie Schalom Asch, Heinrich Eduard Jacob, Robert Neumann, Paul Frischauer und Lili Grün in der *Bibliothek* unterbringen.

Der Paul Zsolnay Verlag wurde am 6. Mai 1924 als sogenannte Einzelfirma in das Wiener Handelsregister eingetragen. Im Sommer darauf, als sich ein wesentlich größerer Geschäftsumfang abzeichnete, entschlossen sich Zsolnay

Robert Neumann in der Bibliothek zeitgenössischer Werke

und Costa, das Unternehmen in eine GesmbH. umzuwandeln. Inzwischen war der Verlag aus der Castelligasse im fünften Bezirk ausgezogen und nach einer Zwischenstation in der Teinfaltstraße 3 im ersten Bezirk noch 1924 in die Prinz-Eugen-Straße 30 nahe von Schloss Belvedere übersiedelt. Das Stammkapital des Unternehmens – 20 000 Schilling – wurde zu 80 Prozent von Zsolnay bereitgestellt, der Rest von Felix Costa. Um dem Verlag die nötige Kapitalbasis zu geben – inzwischen hatte man mehr als 200 Titel im Programm –, ging Zsolnay Ende 1930 daran, die Firma in eine Aktiengesellschaft – die Paul Zsolnay Verlag A. G. – umzuwandeln.

Die Jahre 1929/30 brachten sowohl für Paul Zsolnay als auch für seinen Verlag einige einschneidende Änderungen. Am 2. Dezember 1929 heiratete der 34-jährige Junggeselle heimlich Anna Mahler (1904 bis 1988) in Paris.

Für die Tochter Alma Mahlers und Stieftochter Franz Werfels (das Paar hatte sich am 8. Juli vermählt) war dies bereits die dritte Ehe (zuvor war sie mit Rupert Koller und mit dem Komponisten Ernst Krenek verheiratet). Zu den Umständen seiner Heirat äußerte sich Paul Zsolnay selbst. Im Frühjahr hatte Alma Mahler ihre aus Berlin zurückgekehrte kranke Tochter zur Kur auf den Semmering geschickt. Durch die Freundschaft seiner Familie mit Alma Mahler kannte Paul Zsolnay Anna seit früher Kindheit. Sie hatten sich einige Jahre aus den Augen verloren, bis es der Zufall im Sommer 1929 fügte, dass, wie Zsolnay sagte, »ich mit ihr einige Wochen [Juni/Juli 1929, Anm.] gemeinsam am Semmering verbrachte. So hatten wir Gelegenheit, einander aufs Neue kennenzulernen und entschlossen uns sehr rasch, uns zu verbinden.«

Der Vater Zsolnays wollte, so Alma Mahler in *Mein Leben*, in die Ehe nicht einwilligen. Es gab hässliche Szenen und Eheverträge. Angesichts solcher Unstimmigkeiten – manche meinen, Alma hätte ihre Tochter in diese Ehe gedrängt – ist es nicht verwunderlich, dass unter Ausschluss der Öffentlichkeit und fern von Wien geheiratet wurde. »Es war der Wunsch meiner Frau, den ich vollkommen teilte«, schrieb Zsolnay an einen Freund in Konstantinopel, »dass die Heirat möglichst unbemerkt

Anna Mahler, dreißiger Jahre

vollzogen werde, was in unserem Fall nicht ganz leicht war. Aus diesem Grunde haben wir unsere Vermählungsanzeigen erst nach der Hochzeit versandt.«

1930 wollte Zsolnay zumindest kurzfristig seinen Wohnsitz nach Berlin verlegen. »Ende dieser Woche«, teilte er Schalom Asch am 15. Jänner mit, »fahren wir nach Berlin, wo wir einen großen Teil des Jahres zu verbringen gedenken. Ich glaube, dass dies dem Verlag von Vorteil sein wird, da Berlin immer mehr das Zentrum des deutschen Geisteslebens wird.« Am 20. Jänner 1930 meldete sich der Verleger nach Berlin ab, wo er bis zum 2. Mai blieb. Am 5. August kam die nach ihrer Großmutter benannte Tochter, Alma, zur Welt. Die Ehe zwischen Paul Zsolnay und Anna Mahler dauerte allerdings nur kurz, denn bereits 1931 soll sich das Paar getrennt haben. 1935 wurde die Ehe geschieden.

1929, im Jahr der Weltwirtschaftskrise, brachte der Zsolnay Verlag fünfzig Novitäten heraus. Im Jahr darauf steigerte sich die Zahl auf 53 und sank der allgemeinen Wirtschaftslage entsprechend nach stetigem Anstieg auf 44 im Jahre 1931. Dass 1934 schließlich zum schlechtesten Geschäftsjahr mit nur 31 Neuerscheinungen wurde, ist zum Teil darauf zurückzuführen, dass es durch den Prokuristen zu Unregelmäßigkeiten in der Buchhaltung kam. Hauptursache waren aber vornehmlich die Ereignisse des Jahres 1933. Von da an sind das Schicksal und die Geschichte des Wiener Unternehmens von der politischen Geschichte des Dritten Reichs nicht mehr zu trennen: die sogenannte »Machtergreifung« Hitlers, schwarze Listen von unerwünschten Schriften, die Bücherverbrennungen des Mai 1933, der PEN-Kongress in Ragusa Ende Mai, der zu einer Spaltung des Clubs in Wien führte und eine Kluft unter den Autoren des Paul Zsolnay Verlags sichtbar machte. Schon der schlechte Absatz hatte den Verlag Anfang der dreißiger Jahre zu Ramschverkäufen veranlasst, und nun war ein Großteil des erfolg- und ertragreichen Verlagsprogramms in Deutschland nicht mehr abzusetzen.

Der finanzielle, aber auch der Substanzverlust für den Verlag in Wien war enorm, selbst wenn einzelne Autoren für das nunmehrige Dilemma des Verlegens im Dritten Reich kein Verständnis aufbringen konnten. Zsolnay verkaufte durchschnittlich siebzig Prozent seiner Produktion nach Deutschland, bei manchen Autoren, etwa H. G. Wells, war der Anteil sogar noch höher. Das war nun vorbei, Lagerbestände waren wertlos beziehungsweise der Verkauf war fortan auf die kleinen

PEN-Club-Feier für Gerhart Hauptmann am 15. Oktober 1932 im Hotel Imperial. Eine der wenigen Aufnahmen, auf denen Paul Zsolnay und Anna Mahler (sitzend, dritte Reihe von rechts, 4. und 3.) gemeinsam zu sehen sind. In der ersten Reihe u. a. Gerhard und Margarete Hauptmann, Engelbert Dollfuß, Alma Mahler-Werfel, Karl Renner

Kaunitz-Schlössl in der Maxingstraße 24, Wien-Hietzing. Das Gebäude wurde 1945 durch einen Bombentreffer zerstört.

Märkte in Österreich, der Schweiz und im fremdsprachigen Ausland beschränkt. Einen Gradmesser des Verlustes liefern die diversen, noch inoffiziellen Verbotslisten, die im Umlauf waren. Eine solche Liste, die Mitte Mai 1933 für die Leipziger Studentische Bücherei erstellt wurde, belegte bereits 15 Autoren im Zsolnay-Programm mit einem Gesamtverbot. Eine Liste, die Wolfgang Hermann am 16. Mai 1933 im *Börsenblatt* publizierte – es ging hier um die Säuberung der öffentlichen Büchereien –, wies ebenfalls die Namen von 15 Zsolnay-Autoren auf, mit dem Unterschied, dass es weder die gleichen Autoren noch die gleichen Werke waren. Mit einem Gesamtverbot belegt wurden unter anderen Heinrich Mann, Hans Sochaczewer, Valentin Katajew, Emil Ludwig, Henri Barbusse und Schalom Asch. Von den restlichen dort genannten Autoren wurde jeweils alles mit Ausnahme von ein bis zwei Büchern als de facto verboten erklärt, so zum Beispiel von Max Brod, Kasimir Edschmid, Robert Neumann, Arthur Schnitzler und Franz Werfel. Die erst im Frühjahr 1936 an einen kleinen Kreis von Abnehmern (»Streng vertraulich! Nur für den Dienstgebrauch«) verteilte *Liste I des schädlichen und unerwünschten Schrifttums* (Stand vom Oktober 1935) besiegelte das Schicksal einzelner Verlagsautoren im Deutschen Reich. Ein Verbot »Sämtlicher Schriften« traf nicht weniger als 21 von ihnen, darunter Schalom Asch, Raoul Auernheimer, Henri Barbusse, Paul Frischauer, Heinrich Eduard Jacob, Oskar Jellinek, Theodor Kramer, Ernst Lothar, Emil Ludwig, Heinrich Mann, Robert Neumann, Felix Salten, Arthur Schnitzler, Hans Sochaczewer, Hugo Sonnenschein-Sonka, Friedrich Torberg, H. G. Wells, Franz Werfel und Otto Zarek. Aber das war bei weitem nicht der ganze Verlust an Substanz. Die Werke einer Vielzahl von Autoren wie Hilde Spiel oder Theodore Dreiser durften nicht mehr nach Deutschland ausgeliefert werden.

Symptomatisch für die neue Situation, mit der Verlag und Autoren fertigwerden mussten, ist ein Vertrag, den Zsolnay im Juli 1936 mit Leo Perutz über den Roman *Der schwedische Reiter* abschloss. So enthielt die Vereinbarung folgenden Passus: »Was den Verkauf des in Rede stehenden Werkes in Deutschland anlangt, sind sich Autor und Verlag darin einig, dass der Verkauf in Deutschland sofort bei Erscheinen des Buches oder aber nach Erscheinen mit hoher Wahrscheinlichkeit auf Schwierigkeiten stoßen wird und dass sogar mit der Unmöglichkeit eines solchen Verkaufs zu rechnen ist. Verlag und Autor sind daher übereingekommen, dass es dem Verlag überlassen bleibt, den Verkauf des in Rede stehenden Romans in Deutschland zu versuchen oder diesen Versuch zu unterlassen. Wenn es dem Verlag gelingen sollte, Exemplare des Werkes in Deutschland abzusetzen, übernimmt er die Verpflichtung, die sich aus diesen Verkäufen ergebenden Tantiemen Herrn Perutz in Schilling zur Auszahlung zu bringen.«

TASTEN UND LAVIEREN

Zum 25-jährigen Verlagsjubiläum bat Zsolnay im Rahmen einer von ihm herausgegebenen Festschrift seine Autoren, einen Brief zu schreiben. Der deutsche Schriftsteller und Jurist Erich Ebermayer, der 1929 mit dem Roman *Kampf um Odilienberg* bei Zsolnay debütierte und ständig zwischen Nähe und Ferne zum nationalsozialistischen Regime schwankte, fasste die Entwicklung des Verlags bis zum »Anschluss« präzise zusammen: »Als aber der Verlag das zehnte Jahr erreicht hatte, [...] kam die erste Erschütterung seines Lebens. Der Boykott Ihrer, unserer, Bücher in Deutschland vollendete sich täglich mehr, und doch konnten Sie nicht einfach aufgeben, was Sie sich und uns geschaffen. So waren Kompromisse die Folgen, ein Tasten und Lavieren und immer wieder Hoffen, das Wunder werde geschehen und das kleine Österreich werde neben der Schweiz die zweite Insel der Freiheit auf dem Kontinent bleiben.«

Zum Problem mit den entwerteten Lagerbeständen und der Zusammenstellung eines in Deutschland genehmen Programms kamen finanzielle Schwierigkeiten devisenpolitischer Natur. Zsolnay war wegen des überwiegenden Absatzes außerhalb Österreichs von der Einführung der Devisenbewirtschaftung durch die Österreichische Nationalbank im Oktober 1930 nur am Rande betroffen. Durch diese Maßnahme war der freie Handel in Devisen und Valuten strengstens verboten, und es wurde eine Anmelde- und Ablieferungspflicht eingeführt, um den Schillingkurs zu halten. Nur in Fällen, wo Tantiemenzahlungen in anderen Währungen als Schilling oder Reichsmark geleistet werden mussten, kam es zu Engpässen und zu Konflikten mit den Autoren. Schwerwiegender als die österreichische Devisensperre wirkte sich bis zum Jahre 1938 die von deutscher Seite eingeführte Devisenkontingentierung sowohl auf Verlage als auch auf die einzelnen Autoren aus. Dies bedeutete, kurz gesagt, dass der Transfer von in Deutschland akkumulierten Guthaben des Zsolnay Verlags (wie auch anderer Firmen) nur im Rahmen eines Kontingents möglich war. Das heißt, die Erträge wurden eingefroren und konnten nicht ohne weiteres nach Wien transferiert werden. So konnte Zsolnay seinen Zahlungsverpflichtungen im Reich problemlos nachkommen, in Wien aber nicht die Schillingbeträge aufbringen, um die anfallenden Tantiemenzahlungen termingemäß zu leisten. Die Folge waren Klagsdrohungen mitteloser Autoren. Besonders schwierig gestalteten sich Überweisungen an Autoren im Ausland, so dass die paradoxe Situation entstand, dass die Größe des Problems mit dem steigenden Absatz der Verlagswerke wuchs. Devisen für die angehäuften Tantiemen einzelner Autoren mussten genehmigt werden.

Probleme gab es in den Beziehungen zu Pearl S. Buck und A. J. Cronin, aber auch zu H. G. Wells, der neben anderen Zsolnay-Autoren beim PEN-Kongress in Ragusa im Mai 1933 den deutschen Stellen unangenehm aufgefallen war. Das letzte Werk von Wells, das vor Kriegsende bei Zsolnay erschien, kam ausgerechnet am 11. Mai 1933 auf den Markt. Es war dies der Roman *Die Geschichte einer Ehe*. Über Nacht war H. G. Wells nicht mehr eine sprudelnde Geldquelle, sondern eine Belastung. Der Verlag geriet ohne eigenes Verschulden mit der Tantiemenzahlung in Rückstand. Ab März 1933 verzichtete die Zsolnay-Buchhaltung wegen mangelnder Eingänge überhaupt auf den Versand von Abrechnungen an Wells. Im Februar 1936 schrieb die Ehefrau von Wells an Paul Zsolnay mit der Bitte um ein klärendes Wort.

Dieser fand sich nicht zum ersten Mal in einer Zwickmühle angesichts des freundlichen Ultimatums: »Mr. Wells would like his situation as regards your firm to be made clearer. He thinks either that the agreement [i. e. Verlagsvertrag] ought to be ended, or that you should fulfill your obligations under it to publish his books and render and settle accounts.« Paul Zsolnay antwortete: »Wir haben Ihnen seit März 1933 keine Abrechnungen mehr geschickt, da wir wegen der Verbote, die gegen einige Bücher von H. G. Wells in Deutschland erfolgt sind, mehr Bücher von den Buchhändlern zurückerhalten, als wir verkaufen. [...] Wir bedauern es außerordentlich, dass politische Gründe uns daran

```
47, CHILTERN COURT, CLARENCE GATE, N.W.1.
       TELEPHONE, WELBECK 6544

                       Feb. 5th, 1936.
      Dear Mr Zsolnay,
                       Mr H.G.Wells asks me
      to point out that we have not received
      any accounts from you since March 1933.
      He would be glad to receive accounts of
      sales since then, and also a list of
      his books which you have still in print.
      Mr Wells has been told by German acquaintances
      that very few of his books are still in
      print.
                       Mr Wells would like his
      situation as regards your firm to be
      made clearer. He thinks either that the
      agreement ought to be ended, or that you
      should fulfill your obligations under it
      to publish his books and render and settle
      accounts.    He would be glad to know your
      intentions, and would be glad of an immediate
      reply.
                       Could you also tell me the
      rate of exchange at which the 500 Swiss francs
      which you paid in December was calculated?
      Will you soon be able to remit the remainder
      of the sum due?
                       Yours faithfully,
                            Marjorie Wells
                            (Mrs G.P.Wells.)
      Paul Zsolnay Esq.,
      Messrs Paul Zsolnay Verlag,
      Prinz Eugenstrasse 3
      Vienna. Austria.
```

Brief von Marjorie Wells, 5.2.1936

verhindern, mehr von den Werken von H. G. Wells abzusetzen und dass wir Ihnen daher nichts Erfreuliches diesbezüglich mitteilen können. Der Schaden, den wir selbst durch diesen Umstand erleiden, ist sehr hoch, was aber leider für Sie kein Trost ist. Unsere Einstellung zu H. G. Wells hat sich selbstverständlich trotzdem dadurch in keiner Weise geändert, und wir hoffen, dass es uns gelingen wird, für H. G. Wells wieder eine günstige Stimmung in Deutschland zu erzeugen. Dies wäre für den Absatz seiner Bücher von außerordentlicher Wichtigkeit, da wir gerade von Büchern von H. G. Wells vor dem Umsturz in Deutschland 80 % verkauft haben.«

Die Novitäten des Jahres 1933 – dreißig der vierzig Titel waren Romane – verrieten noch keine Änderung der Verlagslinie. Sie umfassten

Neuerscheinungen von Heinrich Mann, Hermann Sinsheimer, Oskar Jellinek, Lili Grün, Paul Frischauer, Hilde Spiel, Johann Fabricius, H. G. Wells, Leo Perutz, Ernst Lothar, Felix Salten und Grete von Urbanitzky. Neu in diesem Jahr waren weiters die Nobelpreis-Ausgabe der Werke John Galsworthys (acht Bände) und fünf Bände des »Volks-Schaffners« von Jakob Schaffner. 1934 war das Programm weiterhin als international zu bezeichnen. Vertreten waren wiederum Galsworthy, Pearl S. Buck, Cronin und Margaret Storm Jameson. In Deutschland »unerwünschte« Autoren – sieht man von Ernst Lothar einmal ab – gab es keine mehr. Neue Gesichter kamen hinzu: Karl Röttger, Hubert Mumelter, Robert Michel, Rudolf Hans Bartsch, Hans Nüchtern, Ernst Scheibelreiter und Franz Spunda.

Zu den »Kompromissen«, von denen Ebermayer schreibt, zählt die Umstellung des Programms ab 1934. Zsolnay war bemüht, die ihm anvertrauten Autoren zu halten und zu unterstützen, und er wollte seine Firma am Leben erhalten. Er beugte sich der Kraft des Faktischen. Paul Zsolnay und Felix Costa wollten, obwohl sie von Kasimir Edschmid gewarnt wurden, dass sich in Nazideutschland »unter der Oberfläche eine absolute Verschiebung vollzogen« habe, und durch Hanns Martin Elster über »die gegen Sie wirkenden Kräfte, die auf keine Weise zu unterschätzen sind«, schon im Herbst 1933 instruiert wurden, die potenzielle Tragweite der Machtübernahme durch die Nationalsozialisten nicht so recht wahrnehmen.

Ab 1934 waren Kompromisse an der Tagesordnung: Eine Gruppe von der NSDAP nahestehenden »österreichischen nationalen Autoren« schickte sich an, den Paul Zsolnay Verlag »untertan« zu machen. Ins Programm drängten nun Autoren, auf die der Verlag vor 1933 willig verzichtet hatte. Sein literarisches Profil erfuhr zum ersten Mal seit der Gründung eine markante Änderung, die der kritischen Presse nicht verborgen blieb. Antinationalsozialistische Kreise in Österreich meinten, der Verlag würde gleichsam die Arbeit des Dritten Reichs erledigen. Aus dem Programm verschwanden Autoren, die zum Renommee des Unternehmens wesentlich beigetragen hatten – nicht, weil Zsolnay

Paul Zsolnay (Mitte) zwischen Samuel Fischer (rechts) und Gottfried Bermann-Fischer, Berlin-Grunewald, zirka 1930

sie nicht haben wollte, sondern weil sie auf dem wichtigsten Absatzmarkt, Deutschland, nicht mehr erwünscht waren und er sie daher nicht mehr halten konnte. Sein Kalkül scheint darin bestanden zu haben, dem Verlag das Überleben zu sichern, indem er verstärkt (österreichische) Autoren nationalsozialistischer Provenienz verlegte.

Als externer Lektor und Verbindungsmann zur NSDAP fungierte der Kunsthistoriker Hermann R. Leber. In den nun folgenden Jahren brachte Zsolnay Werke unter anderem von Rudolf Hans Bartsch, Hermann Graedener, Josef Wenter, Karl Hans Strobl, Hermann Stuppäck, Erwin H. Rainalter, Otto Emmerich Groh, Franz Spunda, Walther Hjalmar Kotas, Edmund Finke, Wladimir von Hartlieb und Karl Wache heraus. Von einem finanziellen oder literarischen Erfolg konnte man allerdings nicht sprechen. Im Reich unerwünschte Autoren wie Franz Werfel, Ernst Lothar oder Felix Salten blieben zwar im Programm, ihre Bücher galten aber nur mehr einem geschrumpften Markt.

```
DR MIRKO JELUSICH                    Wien III. Traungasse 7/32
                                         am 25. Mai 1935


Sehr geehrter Herr von Zsolnay!

                    Zurückkommend auf unser kürzlich
erfolgtes Telephongespräch, beehre ich mich mitzuteilen, dass ich
von einer ernstzunehmenden Seite - Dr. Egmont von Colerus - aber-
mals von Gerüchten erfuhr, wonach ich gegen Sie und Ihren Verlag
intrigiere. Um diesen Gerüchten ein für allemal ein Ende zu be-
reiten, erkläre ich nochmals ausdrücklich, dass an alledem kein
Wort wahr ist, zumal ich, die Notwendigkeit eines Kampfes voraus-
gesetzt, gewohnt bin, einen solchen stets offen zu führen und mit
meinem Namen zu decken.
                    Ich ermächtige Sie, vorliegendes Schreiben
in jeder der Widerlegung solcher und ähnlicher Gerüchte dienenden
Weise zu verwenden und ersuche der Ordnung halber um eine kurze
persönliche Empfangsbestätigung.
                         Mit vorzüglicher Hochachtung
```

Brief von Mirko Jelusich, 25.5.1935

Während also ein Teil der Wiener Presse diese Entwicklungen mit Besorgnis verfolgte und den Verlag beschuldigte, seine Autoren auf die Straße zu setzen, griff der Herausgeber der Zeitschrift *Neue Literatur*, Will Vesper, den Zsolnay Verlag pausenlos an und fiel damit den in Österreich kämpfenden »nationalen« Autoren, die bei Zsolnay untergekommen waren, in den Rücken. Vesper bezeichnete Zsolnay als »Judenverlag« und sprach von einer sonderbaren »nationalen Tarnung« durch die Aufnahme der nationalen Autoren. Zu allem Überfluss wurde der Verlag, der einigen Mitgliedern der österreichischen Regierung (Kurt Schuschnigg, Guido Zernatto etc.) nahestand, in einer anonymen Anzeige im Frühjahr 1935 bezichtigt, »eine getarnte nationalsozialistische Kulturorganisation« zu sein. Eine von Pannen und Einseitigkeit zugunsten der unter die Lupe genommenen Nationalsozialisten begleitete Untersuchung ergab, dass Zsolnay 75 Prozent seines Absatzes in Deutschland erwirtschaftete, er sich von einem Teil seiner Autoren trennen musste und keine Bücher verlegen würde, die dem Nationalsozialismus huldigten. Selbst Bundeskanzler Kurt Schuschnigg wurde in diese Affäre hineingezogen. Die Politik bestimmte die Geschichte des Zsolnay Verlags während eines Großteils der dreißiger Jahre. Täglich gab es Situationen, auf die es zu reagieren galt: die schwindende Akzeptanz auf dem deutschen Markt, unerwartete Beschlagnahmungen, Hilferufe in Not geratener ehemaliger Verlagsautoren, rufschädigende Gerüchte im Buchhandel, Probleme mit der Platzierung von wichtigen Anzeigen im *Börsenblatt* sowie diverse inoffizielle Boykottmaßnahmen gegen den Verlag.

... BUSINESS AS USUAL? BUSINESS AS USUAL!

März 1938: Deutsche Truppen marschierten in Österreich ein. Kurz darauf war der Verlagssitz in der Prinz-Eugen-Straße mit einer Hakenkreuzfahne geschmückt. Zsolnay bekam sehr rasch – am 14. März – einen kommissarischen Leiter von eigenen Gnaden, eingesetzt vom sogenannten »Landeskulturamt« der NSDAP Österreich. Vieles deutet darauf hin, dass dies von langer Hand vorbereitet worden war. Innerhalb weniger Tage und ohne Rücksprache mit beziehungsweise Zustimmung von Stellen im Reich wurden zahlreiche wichtige Führungspositionen in kulturellen Bereichen – von den Theatern bis zu den Verlagen – mit bewährten Gefolgsmännern der NSDAP neu besetzt. Der Zsolnay Verlag wurde von einigen SA-Leuten unter Führung eines gewissen Hannes Dietl (im Hauptberuf Angestellter der Firma Böhler Stahlwerke A.G.) heimgesucht, der als Propaganda- und Organisationsleiter des Landeskulturamts fungierte. Dietls Partner war der Zsolnay-Autor Albert Jantsch-Streerbach; und in enger Zusammenarbeit mit diesen beiden gelang es Paul Zsolnay, ein Jahr lang eine vollzogene »Arisierung« des Unternehmens vorzutäuschen. Zsolnay galt ja in den Augen der Nationalsozialisten als »Judenverlag« und damit als Gefahr für das deutsche Kulturwollen. Die Tarnung – Zsolnay und Felix Costa gaben offiziell ihre Posten im Verlag zugunsten von Dietl und Jantsch-Streerbach auf – funktionierte bestens. Die neuen Herren, als Strohmänner des Verlegers, brachten es sogar zuwege, rasch eine offizielle Bestätigung von der Vermögensverkehrsstelle zu bekommen, die die Paul Zsolnay Verlag A. G. als »arisches« Unternehmen auswies, das Felix Costa bis in das Frühjahr 1939 im Verlag zu halten vermochte, obwohl er als »Jude« galt.

Nach dem »Anschluss« wurde sich Paul Zsolnay darüber klar, dass es ihm nichts genützt hatte, nationalsozialistische Autoren an den Verlag zu binden. Nach wie vor war er aber davon überzeugt, dass der Alltag bald wieder einkehren würde. In seinen Erinnerungen spricht

Frank und Florence Thiess mit Alma Zsolnay im Garten des Kaunitz-Schlössls in Wien-Hietzing

Frank Thiess, der vor allem mit *Tsushima. Der Roman eines Seekrieges* (1936) einen beispiellosen Erfolg feiern konnte, diese Thematik direkt an: »P.(aul) verspricht sich von den NS-Autoren, die er in den Verlag aufnahm, eine vorläufige Sicherung seines Bestandes. Er meint, es werde bald alles wieder in die bewährte österreichische Schlamperei absinken, was in Deutschland nicht möglich war. Jedes Land habe seinen eigenen politischen Geruch.« Dass Zsolnay sich gewaltig täuschte – und mit ihm Verlagsdirektor Felix Costa –, war selbst einen Monat nach dem »Anschluss« nicht klar. An Frank Thiess schrieb er zum Beispiel: »Von hier aus ist nicht viel Neues zu berichten. Im Verlag geht alles in bester Ordnung, wie ich es nicht anders erwartet habe.« Trotz der Emigration vieler Freunde, trotz der Plünderung jüdischer Geschäfte war es selbst Mitte Mai 1938 für Paul Zsolnay »business as usual«.

Mit dem »Anschluss« an das Deutsche Reich waren zwar manche finanziellen Probleme verschwunden, aber für ein Unternehmen, das ab 1934 auf wackligen Beinen stand und zunehmend vom Eigenkapital Zsolnays beziehungsweise dessen Verzicht auf Dividenden abhing, führte beispielsweise die Währungsumstellung zu erheblichen Verlusten. Da der Verlag hohe Mark-Außenstände und große Schilling-Verpflichtungen hatte, bedeutete beispielsweise die Festsetzung des Markkurses auf 1 Mark = 1,50 Schilling einen ganz gewaltigen Verlust, der nach heutiger Kaufkraft in die Millionen ging. Durch die Neubewertung des Lagers musste man die Bücher nunmehr zu einem Preis verkaufen, der wesentlich unter dem kalkulierten lag. Bis der Paul Zsolnay Verlag im April 1939 – vor allem, weil die Besitzverhältnisse für das Propagandaministerium und für die Reichsschrifttumskammer nicht einwandfrei geklärt waren – von der Gestapo geschlossen wurde, wurden die Geschäfte des Verlags geführt wie eh und je. Das heißt, Paul Zsolnay und Felix Costa prüften Manuskripte, setzten Verlagsverträge auf und trafen Entscheidungen wie bisher. Seit dem Sommer 1938 spielte aber Paul Zsolnay mit dem Gedanken einer Ausreise. Nach längeren Verzögerungen wegen der Genehmigung einer Devisenausfuhr verließ Zsolnay Wien und ging über Paris in Richtung London, offiziell auf eine

Börsenblatt-Anzeige vom 23.11.1941

»Geschäftsreise«, von der er erst nach Ende des Zweiten Weltkriegs zurückkehrte. In London sollte er im Dienste der Wiener Zentrale Rechte ausländischer Autoren gewinnen und die seiner Autoren verwerten. Von London aus führte Zsolnay den Wiener Verlag wie ehedem und blieb mit seinen Mitarbeitern in enger Verbindung, ja diese kamen sogar nach London, um Verlagsinterna zu besprechen.

Der Verlag war durch eine mündliche Vereinbarung von Zsolnay mit Albert Jantsch-Streerbach im Juni 1938 veräußert, sozusagen »scheinarisiert« worden. Seit damals führte Jantsch die Nazi-Behörden an der Nase herum. Obwohl kaum eine der Arisierungsvorschriften eingehalten wurde, erfolgte die Genehmigung durch die Vermögensverkehrsstelle erstaunlich schnell. Zur Rede gestellt, warum er den »Halbjuden«

55

> **Trotz der Anzeigen in den Börsenblättern Nr. 274 und 281** erhält der Verlag fortgesetzt Stöße neuer Bestellungen. Ich bitte erneut dringend, auch im Interesse der Zeit- und Arbeitsersparnis, von jeder Bestellung bis auf weiteres abzusehen. Es ist nicht möglich, auch nur eine auszuführen.
>
> **Die im Börsenblatt Nr. 245/246** veröffentlichte Liste der fehlenden Werke beweist, in welchem Umfang mein Verlag das Sortiment in dieser Zeit beliefert hat. Er wird weiter alles tun, um die Sortimenter zu unterstützen — aber für unfruchtbaren Schriftwechsel ist jetzt keine Zeit. Benachrichtigungen erfolgen im Sinne der Bekanntmachung des Leiters des Deutschen Buchhandels. Neue Lieferungsmöglichkeiten werden rechtzeitig angekündigt.
>
> **ZSOLNAY VERLAG · KARL H. BISCHOFF**
> BERLIN — WIEN — LEIPZIG

Börsenblatt-Anzeige vom 18.12.1941

Felix Costa, der noch dazu mit einer »Volljüdin« verheiratet sei, im Verlag behielt, konterte Jantsch gelassen, er könne auf jemanden mit so weitreichenden Kenntnissen nicht verzichten. Jantsch war nicht einmal Mitglied der Reichsschrifttumskammer.

Nach mehreren Ultimaten des Propagandaministeriums an Jantsch, den Nachweis für die Bezahlung der Kaufsumme zu erbringen, wurden die Verlagsräume am 7. April 1939 von der Gestapo gesperrt. Zwei Wochen später wurde ein Treuhänder, ein junger Jurist namens Wilhelm Hofmann, eingesetzt. Mehr als zwei Jahre vergingen, bis die von unzähligen NS-Stellen und Ministerien untersuchten Besitzverhältnisse im Zsolnay Verlag endgültig geklärt waren und ein neuer Inhaber gefunden wurde. Noch mehr Zeit verstrich, bis die Firma einen neuen Namen bekam.

Die vom Treuhänder in Auftrag gegebene Erstellung der Bilanz des Jahres 1938 brachte ein ernüchterndes, aber nicht unerwartetes Ergebnis: Gemessen an der heutigen Kaufkraft betrug der Verlust mehr als 1,2 Millionen Euro. Die Gründe lagen auf der Hand: das Ausscheiden der Bücher unerwünschter Autoren und die Abschreibung uneinbringlich gewordener Forderungen an jüdische Autoren. (1941 kam es durch das De-facto-Verbot amerikanischer und englischer Schriften wieder zu beträchtlichen Verlusten.)

So paradox es klingen mag, der Treuhänder führte den Zsolnay Verlag wegen und nicht trotz des Krieges durch die finanziell erfolgreichste Phase seiner Geschichte. Die offenkundige Geschäftstüchtigkeit Hofmanns, gefördert durch eine besondere Bücherkonjunktur in den Jahren 1940/41, trug in diesem Zeitraum zu geradezu astronomischen Geschäftsgewinnen des Unternehmens bei. Das Lager wurde leergefegt, alles, was nach Buch aussah, wurde abgesetzt. Der Streit darüber, wem die Gewinne aus dem »jüdischen« Verlag letztlich zustanden, ist ein pikantes Detail aus der Geschichte des Paul Zsolnay Verlags. Was sollte mit dem Gewinn geschehen, der im Rahmen der Treuhänderschaft erwirtschaftet wurde? Schließlich wurde ein Betrag von RM 650 000 (fast so viel wie das Stammkapital) auf Weisung von Propagandaminister Joseph Goebbels an sein Ministerium nach Berlin überwiesen, wo er »als Grundstock für einen Fonds des Ministeriums für Verlagsaufkäufe und Verlagsunterstützungen« benutzt werden sollte.

Nach monatelangen Scheinverhandlungen mit potenziellen, aber nicht erwünschten Käufern stand im Herbst 1941 schließlich fest, wer den Zsolnay Verlag erwerben sollte: der Schriftsteller, Buchhändler und (ehemalige) Fachreferent der Reichsschrifttumskammer, Karl Heinrich Bischoff. Im Oktober 1941 mutierte der Paul Zsolnay Verlag zum Zsolnay Verlag Karl H. Bischoff und schließlich im Juni 1942 zum Karl H. Bischoff Verlag.

DER VERLAG
UNTER KARL H. BISCHOFF

Zweifelsfrei hat Karl H. Bischoff den Zsolnay Verlag im nationalsozialistischen Sinn geführt. Dennoch muss man anerkennen, dass er nicht die ganze Tradition des Hauses über Bord geworfen hat. Er war bemüht, den Verlag in Wien zu erhalten und auszubauen, er versuchte programmatisch eine Europäisierung und nahm vornehmlich Autoren aus Südosteuropa auf. Bischoffs Beziehungen und seinem Geschick ist es auch zu verdanken, dass der ehemalige Zsolnay Verlag zum kleinen Kreis jener Verlage gehörte – es waren nur etwas mehr als 200 im gesamten Deutschen Reich im Sommer 1944 übriggeblieben –, die für kriegswichtig erklärt wurden und daher den Betrieb nicht einstellen mussten. Im nationalsozialistischen Deutschland war der Karl H. Bischoff Verlag der produktivste belletristische Verlag überhaupt. Während der Kriegsjahre herrschte im Verlagsbuchhandel die bloße Willkür. Das Gesetz von Angebot und Nachfrage war faktisch aufgehoben, es existierte so etwas wie ein geschlossener Markt. Dienten Anzeigen im *Börsenblatt* früher als Werbung für ein Buch, so wurden sie im Laufe des Krieges immer mehr zu Verlautbarungen, Annoncen für Bücher, die regulär kaum mehr erhältlich waren. Im Herbst 1941 gingen die Verlage dazu über, den Buchhändlern mitzuteilen, dass sie keine Bestellungen für Neuerscheinungen und Neuauflagen mehr übernehmen konnten. Was unter normalen Umständen Grund zur Freude war, geriet in Kriegszeiten zum unlösbaren Problem. Weder der Verlag noch der Autor hatte etwas vom Erfolg eines Buches – zum Unglück kam die Unzufriedenheit des Publikums. In einem Verlegerbrief in einer von Bischoff ins Leben gerufenen Hauszeitschrift schildert er im Frühjahr 1942 die kriegsbedingte Situation und macht aus der Not eine ideologische Tugend:

»Wir steigern unsere Produktion und Lieferungen, soweit wir irgend können. Aber wir müssen auch im Namen der deutschen Buchhändler die Interessenten bitten, daran zu denken, wie viel die Wehrmacht gerade von den Werken der gediegenen Verlage braucht, was in die Aufbaugebiete, in Lazarette, in Büchereien geliefert werden muss, dass viele Mitarbeiter der Herstellungsbetriebe, sei es in den Papierfabriken, den Druckereien, den Bindereien, bei der Wehrmacht oder in den Rüstungsindustrien stehen, und dass auch das Ausland in stärkerem Maße als früher von unserem Verlage Bücher verlangt. Alle von uns ausgelieferten Werke finden gegenwärtig sofort ihre Käufer, rascher meist, als die Buchhändler die Bücher ins Fenster stellen können, wenn auch – wie die Buchbesprechung – das Buchhändlerfenster nicht lediglich vom Verkaufsstandpunkt aus gesehen werden darf. Der Buchhändler will der Öffentlichkeit zeigen, was es an Wichtigem gibt, so wie die Presse die Bücher durch die Besprechungen in ihre Berichterstattung, in die geistige Aussprache und nicht etwa in den Anzeigenteil aufnimmt.«

Karl H. Bischoff war auch im Bereich Feldpostausgaben sehr engagiert. Ein Verlagsverzeichnis aus dem Oktober 1941 zeigt allerdings, wie leer die Lager waren. Das Programm umfasste 210 Titel, hinter 85 Prozent stand der Vermerk »Neuauflage unbestimmt«, sie waren also nicht lieferbar. Bei 23 sollte im Frühjahr eine (schon überzeichnete) Neuauflage erfolgen. Ausnahmsweise nur konnten angekündigte Erscheinungstermine eingehalten werden, die Papierbeschaffung blieb ein unlösbares Problem. Bischoff schrieb im Oktober 1942: »Hat man Papier, dann kann der Drucker gerade nicht, kann der Drucker, dann schreit der Buchbinder nach Faden oder Überzugspapier oder die Papierfabriken haben wie jetzt durch die trockenen Monate kein Wasser mehr oder die Sätze müssen aus den Maschinen genommen werden, weil das Drucken und Binden von Schulbüchern wichtiger ist – und es ist wichtig – usw. usw., dann kommen Transportwege, die plötzlich versperrt sind oder eine Äußerlichkeit, dass keine Kisten vorhanden sind, weil Leergut nicht befördert werden kann usw.«

Bücher wurden in erster Linie für die Soldaten hergestellt, was für den Buchhandel übrigblieb, wurde im Rahmen eines Zuteilungsverfahrens verteilt.

Am Ende des Krieges war im Programm eines Verlags, dessen Reputation auf zeitgenössischer deutschsprachiger und angloamerikanischer Literatur gründete, von diesen kaum mehr etwas zu finden – eine Folge des Krieges und der Schrifttumspolitik des Dritten Reiches. Mitte Dezember 1939 wurden die deutschen Verleger entsprechend instruiert: »Solange England und Frankreich sich mit dem Deutschen Reich im Kriegszustand befinden, ist es nicht angängig, schöngeistiges Gegenwartsschrifttum dieser Länder in deutschen Übersetzungen weiter auszuliefern und zu vertreiben. Insbesondere muss verhindert werden, dass aus dem weiteren Vertrieb dieser Übersetzungen Devisenforderungen zugunsten von Ländern anwachsen, die mit allen Methoden des Wirtschaftskrieges versuchen, das deutsche Volk auszuhungern.« Anfang Jänner 1942 wurde schließlich bekanntgegeben, dass »für die Dauer des Kriegszustandes mit den Vereinigten Staaten von Nordamerika bezüglich der Auslieferung und des Vertriebs von Übersetzungen nordamerikanischer Autoren die gleichen Weisungen (gelten), die die Behandlung des Übersetzungsschrifttums der übrigen Feindländer regeln«.

Das Werk von Theodore Dreiser fiel darunter, und schon ehe die USA in den Krieg eingetreten waren, wurde das Werk der Nobelpreisträgerin Pearl S. Buck aus dem Verkehr gezogen. Ihre kritische Haltung zu der politischen Situation in Deutschland zur Zeit der Verleihung des Nobelpreises für Literatur im Herbst 1938 erweckte die Aufmerksamkeit der Nazi-Behörden. Daher wünschte das Propagandaministerium keine weitere Förderung ihrer Bücher. Im August 1939 erhielt der Zsolnay Verlag vom Propagandaministerium die Mitteilung, dass Neuauflagen Bucks nicht infrage kämen.

Im Gegensatz zu Buck entdeckte man im Werk des schottischen Arztes A. J. Cronin eine Propagandawaffe; Auflagen- und Papierbeschränkungen gab es in diesem Fall keine. Vor 1938 war der Absatz der Romane Cronins eher schleppend, nur wenige Bücher erlebten Nachauflagen. Dank der entsprechenden Nachhilfe wurde der im Februar 1938 erschienene Roman *Die Zitadelle* zu einem überragenden Erfolg. Hilfreich dabei war ein Gutachten der Reichsstelle zur Förderung des deutschen Schrifttums Ende August 1938. Tenor der Empfehlung: Der Feind meines Feindes ist mein Freund. Cronin habe den gemeinsamen Feind entlarvt, Verhältnisse geschildert, die »bis zur Machtergreifung auch in Deutschland geherrscht haben«.

Aber: »Der deutsche Leser muss sich wundern, dass dem Verfasser die letzte Ursache für solche Zustände, nämlich die zersetzende Tätigkeit der Juden, nicht offenbar geworden ist. Da wir wissen, welch großen Anteil der Jude auch in der Ärzteschaft Englands besitzt und da wir vom englischen Volk eine hohe Meinung haben, wird es dem deutschen

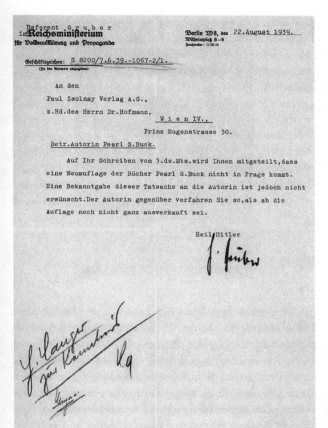

»… eine Neuauflage der Bücher Pearl S. Buck nicht infrage kommt …«

Leser sofort klar, wo auch in England die Wurzel des Übels zu suchen ist.«

Bei der offiziellen Förderung des Romans *Die Zitadelle* blieb es nicht. Als Bischoff im Oktober 1941 den Zsolnay Verlag übernahm, waren Bemühungen im Gange, ein weiteres Buch Cronins für Propagandazwecke einzusetzen. Der Roman *Die Sterne blicken herab* war im November 1935 in einer Auflage von 3000 Exemplaren erschienen, die im Laufe von drei Jahren abgesetzt wurden. Eine zweite Auflage kam im Februar 1939, dann wurden die Schriften Cronins verboten.

Im Sommer 1941 entdeckte das Propagandaministerium in Berlin den Roman. Bischoff erhielt den Auftrag, »das Buch als eines der wenigen brauchbaren aus der englischen Literatur propagandistisch einzusetzen«. Trotz drückender Papierknappheit wurde Anfang 1942 eine einmalige Auflage von 50 000 Exemplaren veranstaltet, im November kamen weitere 20 000 auf den Markt. Die Propagandamasche funktionierte wie bei der *Zitadelle*. In einer Verlagsanzeige las man, Cronin sei »ein Kronzeuge aus dem gegnerischen Lager«, er besitze eine »fast prophetische Gabe«, einen »unerbittlichen Mut zur Wahrheit. Es ist anzunehmen, dass man diese Wahrheit in England nicht gerne hören wird. Cronin reißt einem System die Maske vom Gesicht und zeigt uns, welchen Quellen das Imperium seinen Reichtum – und dieser ist ja Inbegriff britischen Sinnens und Trachtens – verdankt. ... Jede Zeile dieses Romans wird zur Anklage.«

ALS DER KRIEG ZU ENDE WAR

Die Herstellkartei verzeichnet am 5. April 1945 als letzte Neuerscheinung vor dem Einmarsch der sowjetischen Truppen in Wien den Roman *Franzi Kerek* von Zsigmond Móricz. Damit endete die Ära des Nationalsozialismus und die des Verlegers Karl H. Bischoff. Dieser war noch im März und April in den von Bomben in Mitleidenschaft gezogenen Verlagsräumlichkeiten in der Prinz-Eugen-Straße erschienen, um das zu erledigen, was noch möglich war. Wie so viele, die gute Gründe hatten, die Russen zu fürchten, floh auch Bischoff in Richtung Altreich. In einer »Information für Herrn Paul von Zsolnay, London«, datiert mit 28. Jänner 1946, gab Albert von Jantsch-Streerbach an, »dass K. H. Bischoff und seine Frau noch im März 1945 die Originale aller Autorenverträge (auch alle Ausländer Galsworthy, Cronin etc. etc., hier sind nur noch Abschriften), Lagerbestände, Geld, Teppiche u. Bilder aus den Verlagsräumen nach Laichingen (Württemberg) verschoben

Paul Zsolnay in London, Anfang der vierziger Jahre

[hätten], wo sein Vater eine Buchhandlung besitzt. Vielleicht könnten Sie diese Sachen sicherstellen lassen.«

Die Restitution seines Eigentums und seines Vermögens betrieb Paul Zsolnay in den Nachkriegsjahren nicht sehr energisch, und es war nicht seine Art, jemandem gegenüber nachtragend zu sein, egal, wie er behandelt worden war. Ob er die Rückgabe der von Jantsch behaupteten Entwendungen durch Bischoff forderte, ist nicht bekannt. Zumindest hat er ein Rückstellungsverfahren gegen Karl H. Bischoff wegen der Rückstellung des Paul Zsolnay Verlags angestrengt. Bei einer Verhandlung in Wien am 19. März 1957 wurde ein Vergleich geschlossen. Bischoff, der nicht anwesend gewesen sein dürfte, wurde verpflichtet, die Firma Karl H. Bischoff Verlag sofort zurückzustellen und die Gewerbeberechtigung für das Unternehmen zugunsten Paul Zsolnays zurückzulegen. Durch diesen Vergleich wurden sämtliche gegenseitigen Ansprüche zwischen Zsolnay und Bischoff als abgegolten betrachtet.

Der Wiener Verlag stand seit dem 23. Mai 1945 unter öffentlicher Aufsicht. Als Leiter wurde der ehemalige Verlagsangestellte im Karl H. Bischoff Verlag (seit 1. Mai 1939), Emil Fuchs, eingesetzt. Schon im Herbst 1945, in der allerersten Nummer des wiedererstandenen *Anzeigers für den Buch-, Kunst- und Musikalienhandel*, gab das Unternehmen, das sich Karl H. Bischoff Verlag (Paul Zsolnay Verlag) zu nennen hatte, ein erstes Lebenszeichen:

»Wir geben dem gesamten Buchhandel bekannt, dass wir unsere Arbeit als Verlag auch weiterhin im Sinne internationaler kultureller Zusammenarbeit fortführen.
Bis zum persönlichen Eintreffen unseres Inhabers Herrn Paul von Zsolnay stehen wir unter der Leitung des öffentlichen Verwalters Herrn Direktor Emil Fuchs.«

Ein paar Wochen später konnte man schon lesen:

»Wir geben an dieser Stelle nochmals bekannt, dass wir unsere Tätigkeit in vollem Umfang wieder aufgenommen haben, um dort weiterzubauen, wo wir 1938 unterbrochen wurden. Alle gegenteiligen Ausstreuungen entbehren jeder Grundlage. [...] Die derzeit bestehenden Schwierigkeiten zwingen uns aber, die Auflagen kleiner zu halten, als wir selbst es möchten. Daher können wir vorerst die Wünsche der Besteller nicht in vollem Umfang befriedigen und müssen die Sortimenter nach dem Zuteilungsverfahren beliefern. Weiters bitten wir zu berücksichtigen, dass wir jene Buchhandlungen vordringlich unterstützen wollen, die durch die Kriegsereignisse alles verloren haben und nun wieder von vorne beginnen müssen.«

In der Tat: Die Herstellkartei weist für den Herbst 1945 sechs Neuerscheinungen auf, wobei es sich angesichts der Auflagenhöhen (mehr als 10 000 Exemplare) um Ausgaben handeln dürfte, die schon zu

Kriegsende im Großen und Ganzen fertig waren. Anfang 1946 wurde Edwin Rollett (1889 bis 1964) Cheflektor des Verlags. Zu den Neuerungen nach dem Krieg gehörte auch eine Niederlassung in Hamburg in der britischen Zone. Neben der Pflege von Autoren, die schon früher im Programm waren, kamen viele neue, deren Werk durch den Zsolnay Verlag in Weiterführung seiner bisherigen Tradition erstmals dem deutschsprachigen Publikum vorgestellt wurde: Graham Greene, Truman Capote, Richard Mason, Georgette Heyer, Bertrand Russell und J. B. Priestley. Aber auch österreichische Schriftsteller wie Johannes Mario Simmel, Alma Johanna Koenig und Marlen Haushofer wurden zum Teil erstmals dem Publikum vorgestellt.

Einer, der 16 Jahre lang dem Verlag als literarischer Direktor gedient und keinen geringen Anteil am Erfolg des Unternehmens hatte, fehlte nach Kriegsende: Felix Costa. Er hatte sich auf mehrere Gerichtsverhandlungen mit den Nazis eingelassen, statt sich um eine Möglichkeit zu kümmern, gemeinsam mit seiner Familie ins Ausland zu flüchten. Er hatte geglaubt, dass er durch seine Tätigkeit im Verlag geschützt sein würde. Doch als »Mischling I. Grades« hatte er keine Chance. Im dritten Kriegsjahr wurden Costa und seine Familie in das Sammellager in der Sperlgasse im zweiten Wiener Gemeindebezirk gebracht, von wo aus er am 31. August 1942 zusammen mit seinem Sohn Karl Hans und seiner Gattin (vom Schicksal einer Tochter ist nichts bekannt) nach Minsk deportiert wurde. Im März 1952 wurde Felix Costa für tot erklärt.

Paul Zsolnay kehrte im Juni 1946 nach Wien zurück und fing wieder dort an, wo er im Jahr 1938 aufgehört hatte. Das Fundament blieb das alte: die gängigen internationalen Autoren der dreißiger Jahre. Schon bei seinem ersten Aufenthalt traf Zsolnay mit Jantsch zusammen. Erst jetzt wurde das Geheimnis hinter dem Verkauf des Paul Zsolnay Verlags im Jahre 1938 gelüftet und schriftlich festgehalten:

»Herr Paul Zsolnay eröffnet die Besprechung und teilt den Herren [Jantsch, August Langer, Rudolf Penz] offiziell mit, dass der seinerzeitige Kauf- resp. Verkaufsvertrag zwischen ihm und Herrn von Jantsch nur aus zweckmäßigen Gründen getätigt worden ist und nie als eine in Wirklichkeit durchzuführende Transaktion gedacht war. [...] Herr von Jantsch hat durch die treuhändige Übernahme der

> Erzielung der Verwertung der jeweiligen Rechte erforderlicher besonderer Unkosten, soweit diese den Betrag von einhundert Reichsmark im einzelnen Falle übersteigen und außerhalb der allgemeinen Geschäftsunkosten liegen.)
> Über den Verkauf hat der Verleger jeweils zum Stand vom 31. März und 30. September jeden Jahres abzurechnen.
>
> 9. Der Verfasser ist nicht zur Einsichtnahme in die Bücher des Verlages befugt, kann aber mit Zustimmung der Korporation verlangen, daß die Angaben des Verlages durch Beiziehung eines Bücherrevisors glaubhaft gemacht werden.
> Die Kosten dieser Überprüfung hat, wenn der Revisionsbericht die Mitteilungen des Verlages bestätigt, der Verfasser, im anderen Falle der Verleger zu tragen.
> 10. Der Verfasser erhält von der ersten Auflage 30 Freistücke. Von jeder weiteren Auflage 20 Freistücke. Darüber hinaus ist der Verfasser zum Bezug von weiteren Exemplaren zum halben Ladenpreis berechtigt. Er darf diese Stücke nicht verkaufen.
> 11. Wenn in zwei aufeinanderfolgenden Jahren jahresdurchschnittlich weniger als 150 Stück abgesetzt werden, so kann der Verleger dem Verfasser durch eingeschriebenen Brief eine angemessene Frist setzen, die Restbestände zu erwerben. Äußert sich dieser nicht oder lehnt er den Erwerb ab, so ist der Verleger berechtigt, die Restbestände einzustampfen oder unter Aufhebung des Ladenpreises in angemessener Frist einen Ausverkauf zu veranstalten.
> Das Verlagsrecht fällt damit an den Verfasser zurück.
> 12. Der Verleger soll das amerikanische Copyright nach pflichtgemäßem Ermessen auf seine Kosten erwerben.
> 13. Dieser Vertrag geht auf die Erben und Rechtsnachfolger beider Vertragspartner über.
> 14. Für diesen Vertrag gelten ergänzend die Bestimmungen des Urheber- und Verlagsrechtes.
> 15. Für den Fall eines Rechtsstreites aus diesem Vertragsverhältnis ist der Gerichtsstand der Verlagsort.
> 16. Der Verfasser versichert, dass er weder als Anwärter noch als Mitglied der NSDAP oder einer ihrer Gliederungen angehört hat und nicht unter die §§ 4 und 17 des Verbotsgesetzes fällt.
> 17. Der Verfasser erhält bei Vertragsabschluss einen Vorschuss von S 500.— (fünfhundert Schilling).
> 18. Der Verfasser verpflichtet sich, seine sämtlichen Werke zuerst dem Zsolnay-Verlag zur Prüfung einzureichen. Sollte seitens des Verlages eine Ablehnung erfolgen, so ist der Verfasser berechtigt, sein Werk bei einem anderen Verlag unterzubringen.
>
> Hochachtungsvoll
>
> Wien, 7. Juni 1946.

Erster Vertrag mit Johannes Mario Simmel, auf Papier des Karl H. Bischoff Verlags, 7. Juni 1946

Aktien und durch seine Tätigkeit im Paul Zsolnay Verlag in sehr schwerer Zeit mir und dem Verlag einen außerordentlich großen Dienst erwiesen, und es ist mir eine besondere Freude, ihm dafür in meinem Namen und im Namen des Verlages den wärmsten Dank auszusprechen.«

Ein paar Monate nach seinem ersten Besuch in Wien seit dem Herbst 1938 konnte man dem Buchhandel mit Stolz Folgendes berichten:

»Nach fast acht Jahren eines wechselvollen Schicksals können wir heute dem Buchhandel bekannt geben, dass unser Verlag ab 1. Juli d. J. wieder mit

PAUL ZSOLNAY
VERLAG

zeichnet.

Die große Aufgabe, Mittler internationalen Geistesgutes zu sein, haben wir nicht vergessen. In nächster Zeit bringen wir neben einer Reihe österreichischer Dichtungen Neuauflagen der Werke von Pearl S. Buck, A. J. Cronin, Theodore Dreiser, John Galsworthy, H. G. Wells und nehmen so wieder den Platz ein, den wir jahrelang zum Gewinn der an der modernen Weltliteratur interessierten Kreise besaßen.«

Was die nationalsozialistisch belasteten Autoren des Karl H. Bischoff Verlags betraf, so weigerte sich die interimistische Führung grundsätzlich, Verträge, die mit dem Karl H. Bischoff Verlag abgeschlossen worden waren, anzuerkennen, und retournierte die eingereichten Manuskripte an die Autoren oder deren Nachkommen. Paul Zsolnay legte dann fest, dass die in den Jahren 1938 bis 1944, also in der Zeit, da der Verlag kommissarisch verwaltet wurde und später unter der Leitung von Karl H. Bischoff stand, geschlossenen Verträge nicht übernommen würden. In anderen Fällen durften Stammautoren auch nicht weiterverlegt werden, weil sie auf der *Liste der gesperrten Autoren und Bücher*, die 1946 vom Unterrichtsministerium in Wien zusammengestellt wurde, aufschienen. Bei den nationalsozialistischen Autoren, die Zsolnay in den dreißiger Jahren aufgenommen hatte, legte er nicht immer das gleiche Maß an Härte an den Tag, ein Faktum, das ihm auch in der Berichterstattung vorgehalten wurde.

Paul Zsolnay bei seinem letzten Besuch auf der Frankfurter Buchmesse, 1958

Leo Perutz und Paul Zsolnay in St. Wolfgang, fünfziger Jahre

Das Leben eines Verlegers, das sich zwischen London, Hamburg, Paris, Zürich und Wien abspielte, konnte nur auf Kosten der Gesundheit gehen. Ende November 1956 erlitt Paul Zsolnay, dessen Mutter soeben gestorben war, während einer Reise von Zürich nach London zwei schwere Herzanfälle. Im Sommer 1958 klagte er in einem Brief an Alma Mahler-Werfel über seinen »recht schlechten Gesundheitszustand«, der eine gesteigerte Nervosität mit sich bringe. Knapp drei Jahre später starb er nach langem Leiden am 13. Mai 1961 im 66. Lebensjahr in Wien. Seine Grabstätte befindet sich auf dem Hietzinger Friedhof.

DER VERLAG NACH DEM TOD DES GRÜNDERS

Nach dem Tod Paul Zsolnays wurde der seit 1953 im Verlag tätige Hans W. Polak neuer Geschäftsführer. Bis er im Juni 1987 aus dem Unternehmen ausschied, verlegte Polak unter anderen Alexander Lernet-Holenia und entdeckte Brigitte Schwaiger, deren erster Roman *Wie kommt das Salz ins Meer?* 1977 ein großer Erfolg wurde. Zu den bemerkenswertesten Autoren zu jenen Zeiten zählen John le Carré und Charles Berlitz sowie Stephen King, dessen Horrorklassiker *Brennen muss Salem* 1975 erscheinen. 2005 gab es den Director's Cut, eine Ausgabe, die auch jene Teile enthält, die King ehedem auf Drängen des Originalverlags hatte streichen müssen.

INTERMEZZO

1987 kam bei Zsolnay ein gewichtiges Buch des *Stern*-Reporters Jürgen Serke heraus: *Böhmische Dörfer. Wanderungen durch eine verlassene literarische Landschaft.* Obwohl einige seiner Einordnungen und Wertungen auf Widerspruch stießen und dazu auch aufforderten, gelang es Serke, nicht zuletzt durch die vorbildliche Illustration und dank der vielen unbekannten Fotos, Autoren der Prager deutschsprachigen Literatur der Vergessenheit zu entreißen, sie wieder lebendig zu machen und dadurch auch die Germanistik zu einer näheren Beschäftigung mit ihren Büchern zu animieren. In der Folge wurde die von Serke herausgegebene Reihe *Bücher der böhmischen Dörfer* gestartet, in der unter anderen Hermann Ungar, Hans Natonek und Fritz Brügel publiziert wurden. Auch die Pflege des Werkes des gebürtigen Pragers Leo Perutz, seit der ersten Hälfte der dreißiger Jahre Zsolnay-Autor, vom Hamburger Germanisten Hans-Harald Müller vorbildlich herausgegeben, war ein wichtiges Anliegen des Verlags.

Im Frühjahr 1986 war es zum Eigentümerwechsel gekommen – er sollte der erste von drei innerhalb nur eines Jahrzehnts werden. Der Paul Zsolnay Verlag wurde vom deutschen Verleger und Druckereibesitzer Ernst Leonhard erworben. Gerhard Beckmann, vormals bei Claassen, Bertelsmann und Benziger in Zürich tätig, wurde zum alleinigen Geschäftsführer bestellt. Dieser initiierte unter anderem Neuübersetzungen des Werks von Graham Greene und nahm zudem Dean R. Koontz, Anita Brookner und Martin Amis neu ins Programm auf. Gerüchte, die während der Frankfurter Buchmesse 1988 auftauchten, wonach der Verlag seinen Hauptsitz nach Darmstadt verlegen könnte, wurden von Ernst Leonhard entschieden dementiert.

1990 wurde in den Medien von einer Rückführung des Paul Zsolnay Verlags in österreichisches Eigentum gesprochen. Eine Reihe von heimischen Unternehmen wurden genannt, doch hieß der neue Besitzer ab Dezember 1990 VPM, Verlagsunion Pabel – Moewig KG, eine hun-

John le Carré auf der Frankfurter Buchmesse anlässlich der deutschsprachigen Ausgabe von »Der Spion, der aus der Kälte kam«, 1964

dertprozentige Tochter des Hamburger Heinrich Bauer Verlags. In einer Presseerklärung der Verlagsunion, zu der damals Moewig, Hestia, Diana und Neff zählten, hieß es, man wolle das Unternehmen »durch die entstehenden Synergieeffekte« stärken. Wien sollte der Verlagssitz bleiben und Kontinuität angestrebt werden. Reinhold G. Hubert wurde neuer Verlagsleiter. Zsolnay sollte nun eine starke Sachbuchsparte erhalten und sein Hardcoverprogramm weiterführen. Bei der Präsentation des Herbstprogramms 1991 hieß es, der Verlag solle innerhalb von ein bis zwei Jahren wieder wirtschaftlich erfolgreich arbeiten. Die Schwachstelle des österreichischen Verlagswesens, dem es an umfassenden Vertriebsnetzen in Deutschland und an der nötigen Liquidität gebreche, sei nun beseitigt. Die neue »Zsolnay-Edition« startete mit Künstlern wie Markus Lüpertz, Jörg Immendorf und Gottfried Helnwein als Gestalter. Es war dies eine Reihe mit zehn namhaften Krimi- und Thrillerautoren, darunter Jeffrey Archer, John le Carré, Robert Ludlum, Dean R. Koontz, Peter Zeindler.

MURRAY G. HALL

Zur Geschichte einer Geschichte

»*Habent sua fata libelli*«, *lautet das überstrapazierte Sprichwort, also Bücher haben ihre Schicksale. Und ihre Geschichte. So auch eine Darstellung der Geschichte des Paul Zsolnay Verlags, die 1985 in meiner zweibändigen Geschichte des belletristischen Verlagswesens in Österreich der Zwischenkriegszeit mit mehr als 1200 Seiten Umfang im Wiener Böhlau Verlag erschien.*

Schon im Vorfeld hat der damalige Geschäftsführer des Zsolnay-Verlags, Hans W. Polak, den Versuch unternommen, meine Arbeit und damit mich persönlich zu diskreditieren. Mit nur vagen Kenntnissen der eigenen Firmengeschichte und einer Gewohnheit, Zitate aus dem Abschnitt in meiner Österreichischen Verlagsgeschichte (Band 2, S. 482–529) aus dem Zusammenhang zu reißen, um gegen mich zu polemisieren, hat er nicht nur meine Arbeit kritisiert, sondern versucht, andere gegen mich zu mobilisieren. In einem umfangreichen Brief vom 11. Juli 1985 an den Geschäftsführer des Böhlau Verlags, Dietrich Rauch, brachte er eine Reihe von Vorwürfen gegen mich vor. Trotz der Länge seines Schreibens wollte sich Polak »*nur zu einigen Punkten*« *äußern,* »*da eine umfassende Stellungnahme zu den in dem Text enthaltenen wahrheitswidrigen, tendenziösen, das Ansehen des Verlages und seines Gründers herabsetzenden Auslassungen des Verfassers den Rahmen eines solchen Briefes sprengen würde*«.

Mehrfach wurde von ihm behauptet, ich hätte mich um Primärquellen (also Geschäftsunterlagen des Verlags) nicht bemüht: »*Um die Originalverträge im Verlagsarchiv hat sich der Verfasser in seiner fünfjährigen wissenschaftlichen Forschungsarbeit nie gekümmert*« *oder* »*Herr Hall hat mir gegenüber erwähnt, daß er nach seiner Arbeitsmethode (sic), bei der er sich über die Primärquellen im Falle Paul Zsolnay hinweggesetzt hat, auch im Falle der anderen rund hundert Verlage vorgegangen ist, so daß sich durchaus zahlreiche weitere Einsprüche gegen die von Ihnen zur Publikation vorgesehene Arbeit erwarten lassen.*« *In Wirklichkeit verhielt es sich so, dass er mir (und meinem Kollegen Gerhard Renner) den Zugang zum Verlagsarchiv schlicht verwehrte.*

Damals, heute nicht anders, existierten kaum Geschäftsarchive von österreichischen Verlagen, aber das scheint Herrn Polak nicht bekannt gewesen zu sein. Und weitere Einsprüche hat es nicht gegeben. Was er damit erreichte, war, dass Archivare des Allgemeinen Verwaltungsarchivs (damals in der Wallnerstraße im ersten Bezirk) meine dort recherchierte Arbeit und meine Quellen überprüfen mussten, zumal Polak beim seinerzeitigen Generaldirektor vorstellig wurde. Naturgemäß war nichts zu finden, was beanstandet werden konnte.

Dennoch formulierte Polak: »*Der mir vorliegende Textteil von Murray G. Hall [...] zeigt eindeutig die abwertende Einstellung des Verfassers, die jeder wissenschaftlichen Zielsetzung und Forderung nach Objektivität widerspricht.*« *Was hatte ich angestellt? Im ersten Absatz des Buches hätte ich den 28-jährigen Paul Zsolnay als* »*Neo-Verleger*« *bezeichnet. Bekanntermaßen war Paul Zsolnay zu dieser Zeit ein erfolgreicher Blumenzüchter in Bratislava, der zuvor noch niemals mit dem Buchhandel und dem Verlagswesen in Berührung gekommen war. In meinem Text heißt es nüchern:* »*Dennoch prägte der Typus des Neo-Verlegers, wie es Zsolnay war, d. h. einer, der nicht im Buchhandel bzw. im Verlagswesen ausgebildet worden war und daher einen Konzessionsinhaber brauchte, die Entwicklung der umgeackerten Verlagslandschaft in Österreich gerade in den Nachkriegsjahren. Zsolnay bildet aber in vielen Belangen eine Ausnahme.*« *Zur Einordnung fügte ich hinzu:* »*Während heute aus dem deutschen Verlagswesen des 20. Jahrhunderts mehrere ›Verlegerpersönlichkeiten‹, wie z. B. Kurt Wolff, Erich Reiß, S. Fischer, Ernst Rowohlt und Anton Kippenberg vom Insel-Verlag bekannt sind, scheint nur Paul Zsolnay für Österreich nicht der Vergessenheit anheimgefallen zu sein.«* Was ist daran falsch? Polak: »Tendenziöser und polemischer hätte man die Tatsache, daß Zsolnay die größte österreichische Verlegerpersönlichkeit war, kaum ausdrücken können.« Tendenz Polemik? Ich kann sie bis heute nicht erkennen.

Polak weiter in seinem Brief an Böhlau: »Es wird Sie, sehr geehrter Herr Dr. Rauch, nach den obigen lückenhaften Darstellungen nicht verwundern können, daß der Paul Zsolnay Verlag in dieser sogenannten Verlagsgeschichte eine Arbeit erblicken muß, die durch tendenziöse und wahrheitswidrige Art der Darstellung (die u. a. den kometenhaften Aufstieg des Verlages in den ersten zehn Jahren seit seiner Gründung unerwähnt läßt) gegen das Wettbewerbsrecht verstößt, und deren Veröffentlichung durch den Böhlau Verlag widerspricht.«

Ein konkretes Beispiel? Der »Getto-Verlag«, wohlgemerkt unter Anführungszeichen, lautet die Überschrift eines Abschnitts über den 1929, lang vor der NS-Verfolgung, in der Schweiz gegründeten Ableger des Wiener Zsolnay Verlags, die Bibliothek zeitgenössischer Werke. Da heißt es bei mir im Text: »Es wurde sowohl von Vesper als auch von seiten österreichischer Zeitungen immer wieder behauptet, Zsolnay hätte (!) in der Schweiz einen ›Getto-Verlag‹ geschaffen und seine im Reich unter dem Impressum Paul Zsolnay Verlag unverkäuflichen Autoren dorthin abgeschoben.« Da hatte ich, so Polak, den Verlag »unter Übernahme von Will Vespers Terminologie als ›Getto-Verlag‹ bezeichnet«. Dass diese Lesart im Verlauf des Textes als vollkommen deplatziert und falsch bezeichnet wurde, entging dem Beschwerdeführer.

Polak war aber nicht nur beim Allgemeinen Verwaltungsarchiv vorstellig geworden, sondern unternahm weitere Schritte. So heißt es in seinem Schreiben an Herrn Rauch: »Darüber hinaus muß sich der Paul Zsolnay Verlag vorbehalten, bei den akademischen Stellen und Behörden auf den wahren Charakter sowie die Unwissenschaftlichkeit dieser staatlich geförderten Arbeit [Polak verlangte die Streichung der Druckkostenförde-

rung durch den FWF, Anm.] hinzuweisen, im Vertrauen darauf, daß das Ministerium, der Wissenschaftsfonds, die Universität und allenfalls die Gerichtsbehörden die geeigneten Schritte unternehmen werden, ein Unternehmen wie den Paul Zsolnay Verlag vor derlei Diffamierungen unter dem Mantel der freien wissenschaftlichen Forschung zu schützen.« Der einstmalige Zsolnay-Verlagsleiter versuchte über Kontakt mit meinem Doktorvater, Univ.-Prof. Dr. Werner Welzig, zu erreichen, dass mir der Kardinal-Innitzer-Förderungspreis aberkannt werde. Auch das scheiterte. Versuche im Wissenschaftsministerium, damals unter Heinz Fischer, gegen mich ein Lehrverbot an der Universität zu erwirken, schlugen ebenso fehl wie Polaks Bemühungen beim Österreichischen Wissenschaftsfonds (FWF). Auch die »Gerichtsbehörden« hätten keinen Grund für eine Anklage gefunden. Möglicherweise war der Nachweis, dass Zsolnay in den dreißiger Jahren eine Reihe »nationaler« österreichischer Autoren in sein Programm aufnahm, doch eindeutig.

Hans W. Polak ließ jedoch noch immer nicht ab von mir. Er kontaktierte mehrere Zeitzeugen und ersuchte sie um Stellungnahmen gegen mich und meine Verlagsgeschichte. Gemeinsam war ihnen, dass sie weder mich noch eine Zeile meiner Ausführungen über den Zsolnay Verlag kannten. Das hinderte sie aber nicht daran, sich über den »Schotten-Germanisten« (Copyright Rudolf Henz) zu empören. »Lebende Zeugen der Vergangenheit« wurden namhaft gemacht und »Erklärungen der Herren« Heinrich Maria Ledig-Rowohlt, Dr. W. Bauer, Dr. Artur Schuschnigg, Professor Rudolf Henz, Univ.-Prof. Dr. Richard Thieberger an den Böhlau Verlag gesandt.

Ich habe mir die Mühe gemacht, den genannten Herren, deren Briefe ich besitze, zu schreiben. An eine Rückmeldung kann ich mich gut erinnern, und zwar die von Ledig-Rowohlt. Es war ihm, wie er schrieb, über alle Maßen »peinlich«, dass er sich in der ursprünglichen Form über mich geäußert hatte. Und das erst recht, als er erfuhr, dass ich – durch meine Mitarbeit an der Tagebuch-, Werk- und Briefausgabe Robert Musils – Rowohlt-Autor war.

Durch sein Agitieren erreichte Hans W. Polak alles andere als das Ge-

wünschte, vielmehr dürfte er das Ansehen sowohl des Verlages als auch sein eigenes ramponiert haben. Seit langem schon gilt »Die österreichische Verlagsgeschichte 1918–1938« als Standardwerk und ist seit vielen Jahren online. Als Gerhard Beckmann 1987 die Leitung des Verlags übernahm, stand das gesamte Verlagsarchiv mir und anderen uneingeschränkt zu Forschungszwecken zur Verfügung. Das Ergebnis war eine 840 Seiten umfassende, 1994 im Niemeyer Verlag erschienene Geschichte des Paul Zsolnay Verlags von der Gründung bis zur Rückkehr des Gründers aus dem Exil.

DIE SCHÖNE LEICH' LEBT

An runden Geburtstagen wird Bilanz gezogen, so auch 1994, als sich die Gründung des Verlags zum siebzigsten Mal jährt. Aber lebt der Jubilar überhaupt noch? Zumindest der Wiener Literaturkritiker Richard Reichensperger glaubt, Verwesungsgeruch wahrzunehmen. Er verwendet für seine Rückschau den Konjunktiv II der Vergangenheit: »Dieser Tage hätte der Paul-Zsolnay-Verlag den 70. Geburtstag seines ersten Buches – Franz Werfels *Verdi*-Roman 1924 – gefeiert«, schreibt er im *Standard*. Von Feierlaune sei jedoch nichts zu bemerken: »Angesichts trister Gegenwart [...] bleibt nur die Rettung in der in Vitrinen präsentierten Geschichte. [...] Gute Bücher wurden da einst in Österreich gemacht«, stellt er fest, immerhin.

Reichenspergers Befund ist keine Einzelmeinung. Die ehemalige Zsolnay-Lektorin Anita Pollak fragt sich im *Kurier* angesichts aufwendig gestalteter Kassetteneditionen aus der Backlist, ob es sich dabei um ein Lebenszeichen handle oder eher um eine »schöne Leich'«. Zwar nicht für tot, aber für »in Bedeutungslosigkeit versunken« erklärt den Jubilar wenig später ein junger Journalist namens Herbert Ohrlinger im *Spectrum*, der Wochenendbeilage der *Presse*.

Zwei Jahre wird die diagnostizierte Agonie noch dauern. 1995 sind nur mehr zweihundert Titel lieferbar, der Umsatz stagniert bei zirka 1,2 Millionen Euro. Dann wird der Verlag »still und leise« ein weiteres Mal verkauft, heißt es im *Kurier*. Als der Name des Käufers bekannt wird, ist es mit der Ruhe vorbei. Über eine »neue Chance« freut sich die *Presse*, der *Kurier* sieht »große Zeiten« anbrechen. Der Carl Hanser

Verlag, ein Münchener Familienunternehmen, über dessen anhaltendes Interesse an Zsolnay bereits gemunkelt wurde, ist der neue Eigentümer. Verlagsleiter und verlegerischer Geschäftsführer bei Hanser ist Michael Krüger. Eine glückliche Konstellation: Neben strategischen Überlegungen – Hanser ist auf der Suche nach Standbeinen in Österreich und der Schweiz – ist es seine alte Liebe zur österreichischen Literatur, die Krüger immer gerne nach Wien führt: »Meine ganze Kindheit lang waren die Österreicher in Berlin, die Wiener Gruppe – Artmann, Rühm, Konrad Bayer, Achleitner oder auch Eisendle, die lebten damals in Berlin, und bis heute zehre ich von diesen sehr schönen Erfahrungen«, erinnert sich der Verleger, der nach dem Abitur eine Verlagsbuchhandelslehre absolvierte. »Als ich bei Herbig gelernt habe, da war Zsolnay einer der ganz großen Verlage.«

Michael Krüger kennt die Zsolnay-Backlist und weiß, dass große Teile des Verlagsarchivs noch existieren. Im Zustand des österreichischen Verlagswesens erkennt er außerdem die Chance und den Platz für Neues: »Das Kuriose an der österreichischen Verlagslandschaft war, dass die Verlage alle an der Peripherie waren, in Salzburg Residenz, in Graz Droschl, in Klagenfurt Ritter, in Innsbruck Haymon. Das Zentrum Wien aber war weitgehend leer. Es war wichtig, dass man in Österreich wieder ein solches Zentrum aufbaut«, so Krüger, der nach dem Fall des Eisernen Vorhangs auch Gespür für den historischen Moment zeigt: »Hinzu kam, dass ich immer an dieser Idee von Mitteleuropa gehangen habe und die Vorstellung hatte, dass wir da einen richtig guten mitteleuropäischen Verlag aufbauen können.«

Illusionen über den Zustand, in dem sich der Verlag zu diesem Zeitpunkt befindet, macht sich der austrophile Münchner aus Thüringen keine. »Aber die Strahlkraft des Namens Zsolnay war nach wie vor da. Doch wie kann man einen guten Namen neu beleben? Das war die Aufgabe, der wir uns gestellt haben.«

Michael Krüger geht mit einem klaren Konzept an den Wiederaufbau heran. Im Gespräch mit der *Welt* kurz nach dem Kauf erklärt er es mit einem wiederholten, scheinbar saloppen »Warum nicht?«: »Warum sollte es nicht möglich sein, in Wien einen Verlag aufzubauen, in dem die österreichische und südosteuropäische Literatur zusammen mit der westeuropäischen Literatur eine produktive, sich gegenseitig inspirierende Einheit aus Gegensätzen bildet? Und warum sollte das alles nicht bei Zsolnay stattfinden? Metropolen formulieren heute die Normen, die unser Zusammenleben bestimmen. Das gilt für Paris, London, Warschau, Budapest oder Berlin. Warum soll es nicht auch für Wien gelten?«

Geht es nach Michael Krüger, ist in Wien die gemütliche Zeit im toten Winkel, im Windschatten der europäischen Binnengrenze, ein für alle Mal abgelaufen. So viel Tatendurst bringt dem Käufer freundliche Begrüßungsworte ein, die freilich oft von Ironie durchtränkt sind: »Willkommen, Michael Krüger!«, freut sich die *Presse* am 9. März 1996, attestiert dem Zugereisten aber gleich ein ordentliches Maß Naivität: »Der Stammgast im alten Grazer Forum Stadtpark liebt Wien und idealisiert diese Stadt – und ahnt noch nicht, dass hier der größte Konkurrenzverlag dem Staat gehört und damit der Kulturpolitik. Das Reden über die Interessen der Autoren nivellierte die Kunstansprüche mit systematischer Gründlichkeit.« Über die Vertrautheit des Hanser-Chefs mit der österreichischen Literatur und der des Donauraums bestehen keinerlei Zweifel: »Im Hanser-Verlag hat Krüger schon Elias Canetti und Albert Drach betreut, *Donau* von Claudio Magris ist dort erschienen und andere, wegweisende Literatur aus Mitteleuropa – Miklós Mészöly, Vasko Popa, Oskar Pastior. Bei den guten Geistern der Literatur in Wien war Krüger immer schon daheim.«

Es sind eben diese Geister, die Michael Krüger für sein erstes Programm heraufbeschwören wird. Das verbliebene Team ist verabschiedet, ein neues noch nicht gefunden. Von München aus stellt der neue Zsolnay-Chef innerhalb von zwei Monaten ein mit Spannung erwartetes Herbstprogramm 1996 zusammen.

»Ich möchte, dass sich das Programm aus drei Linien zusammensetzt«, erklärt Krüger sein Konzept im August 1996 dem *Börsenblatt*.

»Erstens haben wir eine riesige Backlist. Sie umfasst das Gesamtwerk von Leo Perutz, Graham Greene, H. G. Wells und so weiter. Zweitens würde ich gern, ausgehend von dieser Backlist, eine Linie internationale Literatur anfangen [...]. Drittens möchte ich eine sehr stark österreichisch und südosteuropäisch orientierte Linie.«

Die Titelseiten der ersten Vorschauen hängen heute in Postergröße hinter Glas im Salon genannten Zsolnay-Konferenzzimmer. Ihre Gestaltung wirkt nach wie vor edel und markiert den Bruch mit der Pabel-Moewig-Ära, den dünnen Hochglanzpapieren und plumpen Geschenkkassetten, in denen *Die schönsten Sagen, Die schönsten Märchen* und *Erotische Geschichten der Weltliteratur* angeboten wurden.

Die 1996 gewählte Richtung wird der Verlag in den kommenden Jahren und Jahrzehnten im Großen und Ganzen beibehalten. Den Anfang macht eine Ausgabe von Romanfragmenten, Erzählprosa und Feuilletons von Leo Perutz unter dem Titel *Mainacht in Wien*, ein klares Bekenntnis zur Tradition des Verlages. Eine Neuausgabe ausgewählter Werke Alexander Lernet-Holenias wird mit *Die Standarte* begonnen. Mit dem Australier David Malouf (*Jenseits von Babylon*), der von Benziger zu Zsolnay wechselt, den US-Amerikanern William Maxwell (*Mit der Zeit wird es dunkler*) und Madison Smartt Bell (*Aufstand der Seelen*) sowie dem Briten John Lanchester (*Die Lust und ihr Preis*) sind aktuelle internationale Autoren von Rang im ersten Programm vertreten. Aus der Backlist holt Michael Krüger neben Perutz und Lernet-Holenia auch Jules Vernes *Paris im 20. Jahrhundert* – übersetzt von der damals noch wenig bekannten Elisabeth Edl – und H. G. Wells' *Die Insel des Dr. Moreau*.

Zwei Namen unterstreichen die mitteleuropäische Ambition Krügers, Wien wieder zum Kompetenzzentrum für ost- und südosteuropäische Autoren und Bücher zu machen: Ivo Andrićs Chronik von Travnik, die auf Deutsch den Titel *Wesire und Konsuln* trägt, sowie Claudio Magris' *Donau. Biographie eines Flusses* wandern von Hanser zu Zsolnay. Deutlicher kann man den Raum nicht markieren, in dem sich der Wiener Verlag in Zukunft profilieren wird. Insbesondere im Fall von

Magris ist auch das Genre richtungsweisend: Seine Biographie eines Flusses ist ein herausragendes Beispiel für die Kunst nichtfiktionalen und essayistischen Erzählens.

Auch das Sachbuch ist im ersten Programm bemerkenswert vertreten. *Gustav Mahler: Briefe* lautet der schlichte Titel der von Herta Blaukopf herausgegebenen Korrespondenz des Komponisten. Das Buch erweist der Geschichte des Hauses auf mehrfache Weise Reverenz: Verlagsgründer Paul von Zsolnay war mit Anna Mahler verheiratet, der Tochter des Komponisten, und bereits im allerersten Programm von 1924 waren Mahler-Briefe erschienen, die freilich von Alma Mahler »durchgesehen« worden waren. Wie auch vorangegangene Ausgaben von Mahlers Korrespondenzen enthält das Buch von 1996 bisher unveröffentlichte Briefe des Komponisten. Österreichs musikalischer Tradition verpflichtet ist auch die Neuausgabe von Hans Jürgen Fröhlichs *Schubert*, eine der raren Schubert-Biographien auf dem Markt. In *Orte Paul Celans* schließlich zeichnet der Kulturjournalist Helmut Böttiger die Lebensstationen des aus Czernowitz in der Bukowina stammenden Dichters nach – auch dieses Buch unterstreicht die Ambition Krügers, aus Zsolnay wieder einen mitteleuropäischen Verlag zu machen.

Für eine andere Kontinuität zum Neubeginn sorgt die Wiener Dichterin Trude Marzik, deren Zsolnay-Debüt *Aus der Kuchlkredenz* von 1971 in einer Neuausgabe erscheint. Die beliebte, einst von Heinz Conrads entdeckte Dichterin ist die letzte heimische Autorin, die dem Verlag über die Jahre treu geblieben ist. Bis 2008 erscheinen fünf neue Lyrikbände sowie zahlreiche Neuauflagen.

Was in diesem ersten Programm fehlt, sind junge Autoren aus Österreich. Um diese für den Verlag zu gewinnen und die Prinz-Eugen-Straße 30 wieder zu einem Zentrum des literarischen und intellektuellen Lebens der Stadt zu machen, braucht es eine Mannschaft an Ort und Stelle – und vor allem einen neuen Leiter für den Verlag, der im Eigentum der Hanser-Gruppe eine österreichische GmbH bleiben wird.

Offensichtlich ist Michael Krüger jener Journalist aufgefallen, dessen wenig schmeichelnder, aber zutreffender Artikel zum 1994er-Jubiläum in der *Presse* erschienen ist. Der Verleger lädt den Redakteur zu einem unverbindlichen Kennenlernen ein. »Ich bin nach München gefahren, in den Verlag gegangen und habe dort mit Michael Krüger geredet, eine Stunde oder zwei. Wir haben viel geraucht«, erinnert sich Herbert Ohrlinger heute. »Am gleichen Tag bin ich wieder zurückgefahren. Und als ich nach Hause gekommen bin – Handys gab es damals noch keine –, hatte ich eine Nachricht auf dem Anrufbeantworter: Michael Krüger möchte mich als Programmleiter.«

Mit der Entscheidung, einen 34-jährigen Literaturredakteur ohne besondere Erfahrung im Verlagswesen zum Programmleiter zu bestimmen, beweist Krüger Mut zum Risiko. Die Aufgabe, an die alte Bedeutung des Namens Zsolnay anzuknüpfen, stellt hohe Ansprüche an Motivation und Belastbarkeit. Das Unternehmen ist außerordentlich kompliziert, wie dem Hanser-Chef bei seinen ersten Besuchen im Verlag klar geworden ist: »Das war eine völlig verrückte Angelegenheit«, sagt Krüger. »Da saßen diese beiden älteren Damen, Frau Heindl und Frau Kaindl, und die hatten unter ihrem Tisch lauter Fußmatten, weil es so kalt war, und in den Fußablagen lagen die Verträge drin. Die saßen also auf den Verträgen im wahrsten Sinne des Wortes.«

Auch die Erwartungen des neuen Zsolnay-Chefs Herbert Ohrlinger werden auf die Probe gestellt, als er die Prinz-Eugen-Straße 30 zum ersten Mal betritt: »Ich habe mich wahnsinnig gefreut, dass ich diese Möglichkeit gekriegt habe, aber die Freude wurde gedämpft, als ich den Zustand des Verlags selbst gesehen habe. Die Pressekartei war ein Museumsstück, eine Holzschachtel mit Namen teilweise schon Verstorbener. Computer gab es keine, die Zeit war hier irgendwann stehengeblieben. Die Buchhalterin war da, sie hat um fünf Uhr früh angefangen und ist auch recht früh wieder gegangen. Sonst war es ziemlich leer. Ich habe nicht gewusst, wo mir der Kopf steht«, erzählt Ohrlinger. Kenntnisse über Vertrieb, über den Buchhandel im Allgemeinen und im Speziellen, über Herstellung und Veranstaltungsorganisation muss er sich erst aneignen. »Und ich habe geglaubt, ich muss jedes Buch selber machen, von der Akquise bis zur Imprimatur. In den ersten zwei Jahren bin ich immer wieder einmal über den Fahnenkorrekturen eingeschlafen. Die Buchhalterin hat mich dann morgens geweckt und mir einen Kaffee gebracht. Hätte ich das gewusst, dann hätte ich es mir wahrscheinlich überlegt – aber es ist gut so, dass man manches nicht weiß. Man sieht sonst nur diesen enormen Berg und nichts anderes und lässt es womöglich bleiben.«

Das erste von Herbert Ohrlinger und Michael Krüger gemeinsam gestaltete Programm im Frühjahr 1997 setzt die im Herbst eingeschlagene Richtung fort: Es erscheinen Neuausgaben von Graham Greene, Alexander Lernet-Holenia, Alfred Polgar, Colette und John Steinbeck aus der Backlist, internationale bzw. (ost)mitteleuropäische Autoren wie die beiden Tschechen Ivan Klíma und Ivan Binar, der estnische Autor Emil Tode sowie der in Wien geborene, in England lebende Jakov Lind. Und seit langem ist wieder eine neue Stimme aus Österreich vertreten: der Salzburger Karl-Markus Gauß mit seinem *Europäischen Alphabet*.

»Es war sehr wichtig, dass da ein aufstrebender Autor bei uns erscheint, die Bedeutung lässt sich gar nicht hoch genug einschätzen. Das war ein Signal«, so Ohrlinger über Gauß' Debüt bei Zsolnay, das mit dem angesehenen (und hoch dotierten) europäischen Essay-Preis Charles Veillon ausgezeichnet wird. Im Herbst 1997 glücken dem Verlag dann zwei Bestseller. Der erste ist *Schmetterling und Taucherglocke* des ehemaligen *Elle*-Chefredakteurs Jean-Dominique Bauby. Als Locked-in-Patient nach einem Schlaganfall nahezu völlig gelähmt, schaffte er es, einer Lektorin seine Lebensgeschichte durch Wimpernschläge zu diktieren. Von der deutschen Übersetzung werden mehr als 125 000 Exemplare verkauft. Auch das globalisierungskritische Sachbuch *Terror der Ökonomie* der Französin Viviane Forrester lief äußerst erfolgreich. »Damit haben wir plötzlich wieder mitgespielt«, so Ohrlinger.

1998 geht es in ähnlicher Tonart weiter: Karl-Markus Gauß' *Ins unentdeckte Österreich* wird mit dem Bruno-Kreisky-Preis für das politische Buch ausgezeichnet. Mit dem damals dreißigjährigen Franzobel (*Böselkraut und Ferdinand*), dem Bachmann-Preisträger von 1995,

75 Jahre Zsolnay: Herbert Ohrlinger und Michael Krüger im Semper-Depot in Wien, 21. September 1999

kommt ein Vertreter der jüngsten Autorengeneration zum Verlag. Im Sachbuch wird der Musik-Schwerpunkt mit Fritz Hennenbergs Biographie des in die Emigration getriebenen Operettenkomponisten Ralph Benatzky (*Es muß was Wunderbares sein ... Ralph Benatzky zwischen »Weißem Rößl« und Hollywood*) sowie mit zwei Büchern zu Arnold Schönberg vertieft: Wilhelm Sinkoviczs Biographie *Mehr als zwölf Töne – Arnold Schönberg* sowie Peter Gradenwitz: *Arnold Schönberg und seine Meisterschüler*. Konrad Paul Liessmann eröffnet mit dem Band *Faszination des Bösen. Über die Abgründe des Menschlichen* die bis heute fortgesetzte Reihe, die aus dem damals neu gegründeten Philosophicum Lech entsteht. Andrew Millers im englischen Sprachraum vielfach ausgezeichneter Debütroman *Die Gabe des Schmerzes* erscheint im Frühjahr 1998 in der großartigen Übersetzung von Nikolaus Stingl. Im Herbst sorgt ein weiteres Debüt für Aufsehen in den Feuilletons und wird zu einem der meistbesprochenen Bücher der Saison: *Der geköpfte Hahn*, der erste von drei Romanen des damals bereits 65-jährigen evangelischen Pfarrers Eginald Schlattner aus Siebenbürgen.

Diese Aufzählung einiger Höhepunkte aus den Programmen zeigt, dass 1998 sowohl in literarischer als auch in wirtschaftlicher Hinsicht für den Verlag überaus erfreulich verlaufen ist. Doch 1998 ist für Zsolnay viel mehr als das – es ist das Jahr, in dem *Die fünfte Frau* auf Deutsch erscheint, Henning Mankells erster Roman bei Zsolnay. Für mehr als eineinhalb Jahrzehnte wird Mankell zu einem der meistverkauften Autoren im deutschen Sprachraum und beschert dem Verlag einen wirtschaftlichen Höhenflug.

Zum Jubiläumsjahr 1999 – Zsolnay wird 75 – präsentiert sich der wieder erblühte Traditionsverlag besonders mitteleuropäisch: Erstmals erscheint ein Roman des wichtigsten slowenischen Gegenwartsautors, Drago Jančar, in deutscher Übersetzung (*Rauschen im Kopf*), darüber hinaus setzt der Verlag einen Triest-Schwerpunkt mit dem Prosaband *Der Dichter, der Hund und das Huhn* von Umberto Saba (1883 bis 1957), dem Tagebuch des jüngeren Bruders von Italo Svevo, Elio Schmitz (*Meine alte, unglückliche Familie Schmitz*), sowie dem von Claudio Magris gemeinsam mit dem Historiker Angelo Ara verfassten literarisch-historischen Streifzug durch Geschichte und Literatur Triests, *Triest. Eine literarische Hauptstadt in Mitteleuropa*. Karl-Markus Gauß legt mit *Der Mann, der ins Gefrierfach wollte. Albumblätter* einen Erzählungsband vor, Sigrid Weigel und Alfred Pfabigan bringen umfangreiche Studien zu Ingeborg Bachmann und Thomas Bernhard heraus. Mit Armin Thurnher, dem Herausgeber und Chefredakteur der Wochenzeitung *Falter*, kommt einer der wortmächtigsten politischen Journalisten Österreichs zu Zsolnay (*Das Trauma, ein Leben. Österreichische Einzelheiten*).

Der Kontrast zum melancholischen siebzigsten Gründungsjubiläum konnte größer nicht sein. Knapp vor der Jahrtausendwende gelingt dem eben noch totgesagten Verlag eine spektakuläre Wiederauferstehung.

ZSOLNAY *NOIR*. MANKELL UND
DIE FOLGEN

»Was liest man denn gerade bei euch in Schweden?«, fragte Michael Krüger Madeleine Gustafsson bei einem Abendessen im Jahr 1997. Die Lyrikerin, Essayistin und Übersetzerin, die einst mit dem Hanser-Autor Lars Gustafsson verheiratet gewesen ist, traf den Verleger während einer Deutschlandreise am Starnberger See im Gasthaus Zum Fischmeister. »Es gibt nichts, ich lese nur noch Kriminalromane«, lautete ihre überraschende Antwort. Krüger fragte nach Namen, Gustafsson notierte einige auf die Serviette, die er ihr schnell hingeschoben hatte (»Ich hatte mein Notizbuch wieder einmal nicht dabei, ich habe viele solcher Servietten«). Besonders gut verkaufe sich ein gewisser Henning Mankell, betonte die Schwedin abschließend. In den folgenden Tagen gingen Krüger und die Hanser-Lektorin Tatjana Michaelis die Liste durch und bestellten einige der Bücher. Die Verbindung von Spannung und literarischem Anspruch bei Mankell gefiel ihnen besonders und erinnerte die beiden an John le Carré, einen der großen Namen auf der Zsolnay-Backlist. Die Liste wanderte nach Wien, wo auch Ohrlinger an Mankell Gefallen fand. Dieser hatte zwar einen deutschen Verlag, die Berliner Edition Q, wo *Der Mörder ohne Gesicht* und *Die Hunde von Riga* erschienen waren. Der Erfolg war jedoch so gering, dass sich der Verlag entschloss, die Zusammenarbeit mit Mankell zu beenden. Die Rechte für den außerhalb Schwedens bisher erfolglosen Autor waren günstig zu haben, Zsolnay griff zu. *Die fünfte Frau* sollte im Herbst 1998 erscheinen. Früh war klar, dass der Roman für Aufsehen sorgen würde: Als im Mai mit den Vorschauen für das Herbstprogramm auch die Mankell-Leseexemplare für Buchhandel und Presse verschickt waren, drohte wenig später das Faxgerät des Verlags angesichts der ununterbrochen einlangenden Bestellungen den Geist aufzugeben. Alle wollten diesen Mankell lesen. Am 23. Juli 1998 erschien die erste Auflage der *Fünften Frau*, 15 000 Stück. Am 27. Juli wurde die zweite in Auftrag gegeben. Bis Weihnachten waren mehr als 100 000 Stück verkauft. Mankells kometenhafter Aufstieg zum weltweiten Bestsellerautor hatte begonnen. »Warum Mankell damals so eingeschlagen hat? Objektive Gründe weiß ich keine«, versucht Herbert Ohrlinger erst gar nicht, dem Phänomen Mankell auf den Grund zu gehen. »Was immer dazugehört, ist der Faktor Glück, das richtige Buch zur richtigen Zeit.« Was machte die *Die fünfte Frau* also zum richtigen Buch? Vielleicht die bis dahin seltene Mischung aus raffiniert erzeugter Spannung und Beschäftigung mit gesellschaftlich brisanten Themen wie struktureller Gewalt gegen Frauen. »Am Ende siegt die Gerechtigkeit. Aber der Grund, auf dem sie steht, ist längst unterhöhlt«, heißt es in der Verlagsvorschau.

Henning Mankell, Burgtheater Wien, 20. Mai 2008

Die fünfte Frau ist der sechste Band von Mankells Reihe um Kommissar Wallander. Schweden, das Mankell als seine »zweite Heimat« nach seiner Wahlheimat Mosambik bezeichnet, ist in dieser Reihe längst nicht mehr das wohlfahrtsstaatliche Paradies, als das es vielen noch heutzutage gilt. Hinter den Fassaden der gleichberechtigten Vorzeigegesellschaft sieht es bei Mankell so düster aus wie unter dem wolkenverhangenen Himmel, der das Land trostlos und beklemmend wirken lässt. Gewalt gegen Frauen und gegen Migranten, Korruption, Wirtschaftskriminalität, Menschenhandel, Zwangsprostitution und religiöser Fundamentalismus bereiten den Boden für Gewaltverbrechen, die keine losgelösten Taten isolierter Individuen sind wie im klassischen Whodunit-Krimi. In der zerrütteten Gesellschaft verschwimmen die Kategorien Gut und Böse, Täter und Opfer. Am Ende steht kein raffiniert gelöstes Rätsel, nicht unbedingt ein zur Strecke gebrachter Mörder und schon gar kein zufriedener Ermittler. Kurt Wallander – der nicht nur die Liebe zur Oper mit seinem Erfinder gemeinsam hat – wird von Selbstzweifeln und Depressionen geplagt, meistert sein eigenes Privatleben mehr schlecht als recht und überlegt immer wieder, seinen Beruf, der auch Berufung ist, ihn aber kaputtmacht, endlich an den Nagel zu hängen.

Die Wallander-Romane stehen in der Tradition des klassischen *roman noir* französischer und amerikanischer Prägung, dem Mankell eine skandinavische Dimension verleiht. *Nordic noir* nennt man das Genre mittlerweile. Henning Mankell, der sich auf die Inspiration durch die Reihe *Roman über ein Verbrechen* des Autorenduos Maj Sjöwall und Per Wahlöö beruft, hat es zwar nicht erfunden, doch entscheidend mitgeprägt.

Zwölf Wallander-Romane erscheinen zwischen 1998 und 2010 bei Zsolnay (allesamt übersetzt von Wolfgang Butt), doch Henning Mankell beschränkt sich nicht auf die Serie, die ihn berühmt gemacht hat. Er schreibt Kriminalromane mit anderen Ermittlern wie Stefan Lindman in *Die Rückkehr des Tanzlehrers* (2002), vor allem aber auch eine Reihe von Romanen über das Afrika von heute. 1972, damals 24 Jahre alt und angehender Theaterregisseur, bricht Mankell erstmals nach Afrika auf und verbringt zwei Jahre in Sambia. Mosambik wird ihm später zur Heimat, in Maputo gründet er 1996 das Teatro Avenida. 2003, dem Grazer Kulturhauptstadtjahr, inszeniert er mit seinem Theater das Stück *Butterfly Blues*, die Geschichte zweier flüchtender Frauen ohne Papiere, die in den seither vergangenen Jahren nichts von ihrer Aktualität verloren hat. Schon 2000 erschien Mankells im Original bereits 1995 entstandener Roman *Der Chronist der Winde*, in dem ein im Sterben liegender Straßenjunge seine Lebensgeschichte erzählt. Auch *Tea Bag* (2003) und *Das Auge des Leoparden* (2004) erzählen von Flüchtlingsschicksalen in Europa, den Folgen des Kolonialismus und der zunehmenden Gewalt in Afrika.

Zwar waren die hohen Verkaufszahlen der Wallander-Reihe mit den sogenannten Afrika-Romanen nicht zu erreichen, beachtlich waren sie auf alle Fälle: *Der Chronist der Winde* wurde allein im Hardcover mehr als 175 000-mal verkauft.

Erst 2018, drei Jahre nach seinem Tod, erscheint Mankells erster Roman, *Der Sprengmeister,* auf Deutsch. Bereits als sehr junger Schriftsteller hat Mankell darin Themen wie die Erosion des Sozialstaats und des gesellschaftlichen Zusammenhalts sowie die Gefahren von rechts verarbeitet. Er erweist sich damit von Anfang an als »der sozialdemokratischste Schriftsteller, der je gelebt hat«, wie ihn die *Zeit* in ihrem Nachruf würdigt. Für Zsolnay war Henning Mankell über eine Zeitspanne von zwanzig Jahren zweifelsfrei einer der wichtigsten Autoren.

»Er hätte zu jedem anderen Verlag gehen können, doch das war für ihn kein Thema. Er hat es geschätzt, zu uns nach Wien zu kommen, er war ein großer Opernliebhaber. Anfangs hat er noch in kleineren Hotels gewohnt, später im Sacher. Nach seinen Lesungen war er meistens müde und grantig und wollte nach Hause, doch wenn wir dann ins Reden kamen, wollte er meistens doch noch ins Gasthaus. Dort hat er immer wieder gefragt, wie es sein kann, dass in so einem wohlhabenden Land wie Österreich ein Politiker wie Jörg Haider auftaucht und die Karten neu mischt. Es war ihm immer ein Anliegen zu erfahren, was die Sozialdemokratie dagegen tut«, erinnert sich Herbert Ohrlinger an den großen und ungemein produktiven Autor, der ein riesiges Werk hinterlassen hat. Mit Ausnahme seiner Kinderbücher sind alle auf Deutsch erhältlichen Mankell-Titel bei Zsolnay erschienen. Der Erfolg im deutschsprachigen Raum ebnete ihm den Weg in die ganze Welt. Zu Beginn des Jahrtausends war Henning Mankell der meistverkaufte Autor im deutschen Sprachraum nach J. K. Rowling. Hardcover, Taschenbücher, Buchclubausgaben, E-Books und Hörbücher zusammengenommen, hat Mankell seit 1998 etwa 24 Millionen Bücher in deutscher Sprache verkauft.

Als Krimi- oder genauer gesagt *Noir*-Autor war Henning Mankell von Anfang an in bester Gesellschaft bei Zsolnay, wo neben den Klassikern des Genres wie Graham Greene, John le Carré oder Stephen King auch der Sizilianer Leonardo Sciascia verlegt wird, von dem 1998 ein

Sammelband mit drei seiner *Gialli* unter dem Titel *Das Gesetz des Schweigens* erschien.

Mankells Erfolg motiviert den Verlag, weitere internationale und vor allem skandinavische Krimi-Autoren nach Wien zu holen. Kurz nach Mankell debütiert der Däne Leif Davidsen mit *Der Augenblick der Wahrheit* (1999). Bis 2008 werden fünf der oft in Russland angesiedelten Kriminalromane des ehemaligen Moskau-Korrespondenten erscheinen. Mit mehr als 30 000 verkauften Exemplaren verläuft bereits das Debüt Davidsens bei Zsolnay aus heutiger Sicht sehr erfolgreich – wenngleich die Erwartungen aufgrund der Erfahrungen mit den Wallander-Krimis höher angesetzt sind.

Im Frühjahr 2001 debütiert mit *Gib jedem seinen eigenen Tod* Veit Heinichen bei Zsolnay, dessen Kriminalromane für den Verlag wie prädestiniert scheinen: Der Autor lebt seit 1997 in Triest und macht damit eine Stadt zum Schauplatz, die im Programm mit Claudio Magris, Fulvio Tomizza und anderen eine prominente Rolle spielt. Der ehemalige Hafen der Donaumonarchie ist ähnlich wie Wien seit 1989 aus einer europäischen Randlage in die Mitte des Kontinents gerückt. Bei Heinichen bildet die Stadt mit ihrer wechselvollen Geschichte den Hintergrund für Verbrechen in Zusammenhang mit politischem Extremismus, Menschenhandel und Korruption. Der aus dem Mezzogiorno stammende Ermittler Proteo Laurenti ist Heinichens Kommissar, acht Romane erscheinen zwischen 2001 und 2013 bei Zsolnay.

An einer der Bruchlinien, die einen großen Teil des kommunistischen Systems ab den späten 1980er Jahren weltweit teils erschüttern, teils zu Fall bringen sollten, ist auch der erste Roman des in den USA lebenden Qiu Xiaolong angesiedelt, *Tod einer roten Heldin*. Der 1953 in Shanghai geborene Literaturwissenschaftler, der unter anderen Raymond Chandler ins Chinesische übertrug, zeigt Shanghai als Stadt an der Schwelle zum Kapitalismus und gewährt Einblicke in eine aus westlicher Perspektive fremde, doch immer bedeutender werdende Gesellschaft. Bis 2016 führen acht weitere Krimis um Oberinspektor Chen durch das immer kapitalistischer werdende China und ins boomende

Shanghai, in dem Korruption, soziale Ungerechtigkeit und die Allmacht der Partei das Dasein komplizieren machen.

Eine stimmige Ergänzung der Backlist des Verlags ist ein legendärer Verbrecher der internationalen Kriminalliteratur, der 2008 zu Zsolnay stößt: Parker, der Verbrecher ohne Biographie und ohne Vornamen. Zwischen 1962 und 1974 füllten seine Taten eine 16-bändige Reihe, die Kultstatus erlangte. Geschrieben wurde sie vom US-amerikanischen Autor Donald E. Westlake (1933 bis 2008) unter dem Pseudonym Richard Stark. Nach einer zwanzigjährigen Pause feierte Parker 1997 ein *Comeback*, wie der englische Originaltitel der wiederaufgenommenen Serie hieß. 2008, im Todesjahr des Autors, erschienen bei Zsolnay *Fragen Sie den Papagei* (*Ask the Parrot*, Original 2006) und *Das Geld war nie schmutzig* (*Dirty Money*, Original 2008). Bis 2011 kommen bei Zsolnay alle acht Bände der zweiten Parker-Staffel heraus. 2015 folgt mit *The Hunter* eine Neuübersetzung des allerersten Parker-Bandes aus dem Jahr 1962, der von John Boorman 1967 unter dem Titel *Point Blank* verfilmt wurde, in der Hauptrolle der unvergessliche Lee Marvin.

2013 veröffentlicht Zsolnay den Roman *Vermisst* (*Tik Ne'edar*, 2011) des israelischen Schriftstellers Dror Mishani. Ähnlich wie Mankell erzählt der in Tel Aviv lebende Mishani in seinen Romanen, von denen mit *Die Möglichkeit eines Verbrechens* (2015) und *Die schwere Hand* (2018) zwei weitere bei Zsolnay erscheinen werden, nicht nur von Verbrechen, sondern stets auch von der Gesellschaft, in der sie möglich sind. Sein Ermittler Avi Avraham führt ein ähnliches Leben wie Kurt Wallander – prompt wird Dror Mishani für *Vermisst* mit dem Schwedischen Krimipreis ausgezeichnet.

Weniger Glück hat der Verlag mit Kommissarin Lund, die im Zentrum einer international erfolgreichen, zwischen 2007 und 2012 ausgestrahlten dänischen Fernsehserie steht. Das erste vom Erfinder der Serie Søren Sveistrup gemeinsam mit dem britischen Autor David Hewson verfasste Buch erscheint 2013 unter dem Titel *Das Verbrechen*. Der auf ZDF äußerst beliebten Serie ist in Buchform jedoch wenig Erfolg beschieden, nach insgesamt nur drei Fällen – von vierzig möglichen – wird sie trotz einer aufwendigen Kampagne im Jahr 2015 eingestellt.

Das Genre hat seine Bedeutung für den Verlag heute eingebüßt. Abgesehen von großen Namen wie Stephen King, Donna Leon oder eben Henning Mankell verkaufen sich Krimis im teureren Hardcoversegment immer schlechter. Wer Krimis liebt, liest im Regelfall viele davon und greift daher zum Taschenbuch oder E-Book. Auch der Versuch, bei Richard Stark mit broschierten Paperbacks ein Angebot im Preissegment zwischen Taschenbuch und Hardcover zu machen, funktionierte nicht im erhofften Maß. Spannungsromane auf literarischem Niveau werden heute nur mehr selten bei Zsolnay verlegt. Eine Ausnahme bildet seit 2022 der langjährige Kulturkorrespondent der *F. A. Z.* und der *Welt* in Italien und Österreich, Dirk Schümer, der mit seinem ersten Roman, *Die schwarze Rose*, an Umberto Ecos *Der Name der Rose* anknüpft und seinen Protagonisten Wittekind gemeinsam mit dem Franziskaner William von Baskerville im Papstpalast von Avignon ermitteln lässt. 2023 folgt mit *Die schwarze Lilie* eine Fortsetzung in Florenz, in der Schümer von der Pest und der größten Bankenpleite vor Lehman Bros. erzählt.

Für die Historie des Verlags ist das Genre Kriminalroman in all seinen Schattierungen und Epochen fraglos von großer Bedeutung. O-Ton Herbert Ohrlinger: »Ohne Henning Mankell gäbe es den Verlag in der heutigen Form nicht.«

VERSUCHSSTATION FÜR DIE WELTRETTUNG

»Nie ist mein Senf besser, als wenn ich ihn nicht dazugebe«, schreibt Alfred Polgar. Bei der Lektüre seines *Handbuchs des Kritikers*, aus dem das Zitat stammt, fällt es schwer, dieser Behauptung zuzustimmen. Im Zsolnay-Programm von 1997, für das nun Herbert Ohrlinger verantwortlich ist, findet sich eine Neuauflage des 1938 erstmals erschienenen, lange vergriffenen Bandes. Diese ist nicht nur als Reverenz an den laut Marcel Reich-Ranicki »von keinem deutschen Kritiker unseres Jahrhunderts übertroffenen« Kollegen zu verstehen, sondern vor allem als programmatische Ansage. Polgar ist allgemein als Meister der kleinen Form bekannt. Deren viele Spielarten, von der aphoristisch verdichteten Kritik bis zum mit leichter Hand hingeworfenen Essay, werden in den kommenden Jahrzehnten eine wesentliche Schiene der Zsolnay-Programme bleiben.

Gleichzeitig mit Polgars Handbuch erscheint *Das Europäische Alphabet* von Karl-Markus Gauß, eine Sammlung von kurzen Essays und Denkanstößen zu Themen, die aus österreichischer Sicht die Europa-Debatte prägen. An erster Stelle steht bereits damals die Migrationskrise. Gauß berichtet von der größten burgenländischen Stadt, die im frühen zwanzigsten Jahrhundert Chicago hieß. Der erste Buchstabe des Gauß'schen Alphabets lautet natürlich nicht M wie Migration, sondern A – A wie Auswanderung. In Zeiten wachsender Angst vor Migranten ruft Gauß die oft vergessene Tatsache in Erinnerung, dass es während vieler Jahrhunderte vor allem Europäer waren, die aus unterschiedlichen Gründen auf anderen Kontinenten Schutz oder schlicht ein besseres Leben suchten. »Kein Erdteil, in dem die Verfolgten, Verarmten, die nach Freiheit Dürstenden Europas nicht an Land gingen, und kein Staat Europas, der an dieser jahrhundertelangen Abstoßung überschüssiger, unzufriedener und darum bedrohlicher Menschenmassen nicht seinen Anteil hätte.«

Karl-Markus Gauß ist 1997 kein unbekannter Autor. 1994 hat der Herausgeber der Zeitschrift *Literatur und Kritik* den Österreichischen Staatspreis für Kulturpublizistik erhalten. Als Kenner und leidenschaftlicher Vermittler mitteleuropäischer Literatur und Kulturgeschichte, als politisch wacher und streitbarer Geist und als brillanter Essayist verkörpert er vieles von dem, wofür der Verlag seit 1996 steht. »Wir müssen dem Verlag eine österreichische Identität geben und die österreichischen Schriftsteller und Essayisten zu Zsolnay holen, die spezifische österreichische Hintergründe haben und daher schwer einen deutschen Verlag finden«, lautet eine der Vorgaben Krügers. Wenig später findet ein weiterer Autor, der diesen Vorstellungen entspricht, den Weg zu Zsolnay, oder anders gesagt: »Ich wurde von Ohrlinger und Krüger rekrutiert«, so der *Falter*-Herausgeber Armin Thurnher. 1999 erscheint *Das Trauma ein Leben*. Ein »Österreichbuch« nennt es sein Autor, der in seiner Zeitung unter dem an Robert Musil angelehnten Titel »Seinesgleichen geschieht« einen wöchentlichen Kommentar zur aktuellen politischen Lage schreibt, der gleichermaßen von der Schärfe seiner Analyse und von der Präzision seines Sprachwitzes lebt. Der scheinbar unaufhaltsame Aufstieg Jörg Haiders ist das Hauptthema des Buches, doch Thurnher setzt bei seiner Analyse umfassender an und macht sich zunächst auf die Suche nach kollektiven österreichischen Traumata, für die der Aufstieg des Demagogen Haider das Symptom ist.

Kurz nach dem Erscheinen von Thurnhers Großessay steigt der Bedarf nach Österreich-Büchern sprunghaft an. »Das österreichische Trauma lebt, und es kommt immer wieder. Je mehr man es totsagt, desto sicherer«, schreibt Thurnher in der Einleitung seines im Jahr darauf erschienenen nächsten Buches, *Heimniederlage. Nachrichten aus dem neuen Österreich*. Neu an Österreich ist zu diesem Zeitpunkt die Regierungsbeteiligung der FPÖ, die dem Land EU-Sanktionen einträgt und ein neues literarisches Genre begründet, die Österreich-Erklärung. Zahlreiche Intellektuelle und Schriftsteller des Landes veröffentlichen Essays und Bücher, die sich um das Phänomen Jörg Haider drehen, und werden dadurch zu »Haider-Gewinnlern«, spottet der *Falter*-Chef, der die Vorgeschichte und die unmittelbaren Folgen des Tabubruchs nachzeichnet, der die Regierungsbeteiligung einer extrem rechten Partei in Europa damals noch ist. »Österreich war seit jeher das Land des Doppelzustands, das Land zweier Realitäten oder, besser gesagt, zweier Bewusstseinszustände«, schreibt Thurnher. »Nur hier konnten das Unbewusste und der Möglichkeitssinn entdeckt werden, nur hier die Phrase als Verzerrung und Gestaltung der Wirklichkeit. Nur hier konnte der Kult des Nur gedeihen, die Verzweiflung von Intellektuellen darüber, dass das Gefühl des Volkes, alles sei normal, seine abnormale Doppelbödigkeit hauptsächlich daraus bezieht, dass auch die Intellektuellen alles für umso normaler halten, je weniger normal es wird.«

2003 erscheint ein weiteres Buch über die Hintergründe der politischen Schieflage: *Die umgefärbte Republik. Anmerkungen zu Österreich,* verfasst von Gerfried Sperl, dem Chefredakteur der Tageszeitung *Der Standard*. Es geht darin um die zweite Auflage der schwarz-blauen Koalition nach dem Absturz der von parteiinternen Streitigkeiten geschwächten FPÖ. Sperl führt hinter die Kulissen der aufs Neue von Wolfgang Schüssel geführten Koalition und zeigt, mit welcher Chuzpe Parteigänger auf Posten in die Ministerien für Inneres, Verteidigung und Äußeres, aber auch in die Universitäten des Landes geschleust wurden. Vor allem widerspricht Sperl der These von der angeblichen Zähmung Haiders, die für den Autor eher eine auf Selbstüberschätzung beruhende Interpretation des Geschehens ist.

Aufmerksamkeit über die Grenzen Österreichs hinaus wird um die Jahrtausendwende nicht nur den Erklärern des politischen Österreich zuteil, sondern auch dem Philosophen Konrad Paul Liessmann. Der Herausgeber der Philosophicum-Lech-Reihe profilierte sich mit seinen 2003 unter dem Titel *Spähtrupp im Niemandsland* veröffentlichten »kulturphilosophischen Diagnosen« als Essayist. 2006 folgt die Streitschrift *Theorie der Unbildung,* Liessmanns furiose Kritik an dem, was man heute »Wissensgesellschaft« nennt. Der Philosoph vergleicht aktuelle Bildungsziele mit denen der Aufklärung und der Reformpädagogik und macht sichtbar, wie sehr die den gesamten Bildungsprozess begleitenden Bewertungssysteme das Humboldt'sche Ziel von Selbsterkenntnis und Freiheit verdrängt haben. Da es sich bei der Standardisierung und Zentralisierung von Bildung zum Zweck der Vergleichbarkeit um einen europäischen Prozess handelt, stößt Liessmanns eloquenter Großessay auch außerhalb Österreichs auf ein breites Echo. Das Buch erreicht 17 Auflagen und wird in zahlreiche Sprachen übersetzt. Insgesamt werden etwa 100 000 Exemplare verkauft.

Nach den Essaysammlungen *Das Universum der Dinge* (2010) und *Lob der Grenze* (2012) widmet sich Liessmann in *Geisterstunde. Praxis der Unbildung* (2014) den konkreten Folgen der mittlerweile durchgesetzten Bildungsreformen. Die Pisa-Tests dienten dazu, in den Schulen »Konzepte einer wettbewerbsorientierten Ausbildung im Dienste der Wirtschaft« zu implementieren, während die Bologna-Reform die Entwissenschaftlichung und Entakademisierung der Universitäten bezweckt und auch erreicht habe. »Die allgegenwärtige Praxis der Unbildung zeigt, dass wir feige, kleinlich, getrieben, beschränkt und unmenschlich geworden sind«, lautet die Conclusio.

Um spekulierende Banker und Unternehmer, reformfreudige Bildungs- und Kulturpolitiker, um Experten um ihrer selbst willen, kurz um hasardierende Helden, schlichte Einfaltspinsel und geniale Erfinder geht es in Thomas Rietzschels Essay *Die Stunde der Dilettanten* (2013), der die gegenwärtigen Zustände möglicherweise noch präziser skizziert als zum Zeitpunkt seines Erscheinens. Mit Problemen der Bildungspolitik beschäftigt sich die 1991 in Sarajevo geborene Journalistin Melisa Erkurt, die in *Generation haram* (2020) die Erfahrungen schildert, die sie als Lehrerin an einer sogenannten Brennpunktschule gewonnen hat. Der in Wien lebende Historiker und Autor Philipp Blom legt in seiner 2020 zum hundertsten Geburtstag der Salzburger Festspiele veröffentlichten Abhandlung *Das große Welttheater. Von der Macht der Vorstellungskraft in Zeiten des Umbruchs* eine Zeitdiagnose vor, in der er Parallelen zieht zwischen der Gegenwart und dem 17. Jahrhundert, als die Menschheit angesichts einer kleinen Eiszeit ähnlich verunsichert handelte wie heute, wo wir auf Bedrohungen wie die Klimakrise ratlos und zunehmend aktivistisch reagieren, ohne zu wissen, »welches Stück im großen Welttheater gespielt werden soll und wer die Akteure sein sollen«.

Während sich zahlreiche heimische Intellektuelle an den Mythen, Traumata, Ängsten und Unzulänglichkeiten der österreichischen Gesellschaft abarbeiten, reist Robert Menasse nach Brüssel. Der deklarierte Liebhaber von »Vorabend-Romanen« – womit er Romane über die Vorabende großer Katastrophen meint, wie Musils *Mann ohne Eigenschaften* oder Thomas Manns *Zauberberg* – plant, einen Roman über die Krise und die Europäische Union zu schreiben, die er ebenfalls am Abgrund sieht. Die Recherche verändert das Bild des vermeintlichen bürokratischen Molochs, das der Autor zunächst zeichnen wollte. Die EU-Bürokraten entpuppen sich als zugängliche, motivierte und vor allem kompetente Beamte, Brüssel als übersichtlicher als gedacht, das Problem der EU aber als ein Problem der Nationalstaaten, die das europäische Projekt sabotieren. Eine neue, nachnationale Demokratie müsse gefunden werden, so Menasses Befund, obwohl auch er nicht recht weiß, wie diese aussehen könnte. Europa steht für ihn vor einem Scheideweg: Entweder gehen die Nationalstaaten unter, oder der Versuch ihrer Überwindung – in diesem Fall blieben nur rauchende Trümmer eines Projekts übrig, das das Zeug hätte, zur Avantgarde der Welt zu werden. Menasse wird vom Kritiker zum Verteidiger des europäischen Projekts und begründet dies in seinem 2012 erschienenen, vielfach ausgezeichneten Großessay *Der Europäische Landbote*.

»Ich sollte Ihnen nicht verraten, wie Bücher entstehen«, schreibt Armin Thurnher. »In den Buchhandlungen reiht sich Regalmeter an Regalmeter voller Österreichbücher. Unter denen wollte ich nie mehr stehen. Natürlich wollte der Verlag, dass ich genau dort stehe. Würde, murmelte ich, das verstößt gegen meine Würde. Hast du Würde gesagt, fragte der Verlag.«

Republik ohne Würde heißt der Band schließlich, in dem Thurnher seine Beobachtungen der österreichischen Politik und Öffentlichkeit fortsetzt. 2016 folgt mit *Ach Österreich* zwar nicht der oftmals, nicht nur

Armin Thurnher und Florian Klenk, Oberhöflein 2020

ironisch avisierte Lyrikband, doch sind auch Gedichte darin abgedruckt, etwa zum Wesen der ÖVP (»Wer löst es, kiefelnd fragt man sich / das Rätsel: Was ist bürgerlich?«). In Österreich würden Probleme, die es anderswo auch gebe, auf besonders markante Weise zutage treten, vom Aufstieg der Rechten bis zur Gefährdung des Sozialstaats. Thurnher schlägt vor, das Land zur Abwechslung einmal als Versuchsstation für die Weltrettung zu betrachten. Was es dafür brauche? »Ach, nicht viel. Die Entmachtung des neoliberalen Denkkollektivs, eine Wiedereinführung der Humboldtschen Universität, die Neuerfindung von Sozialismus und Kapitalismus, die Entpanzerung von Interessensvertretungen und eine Neugestaltung der Sozialpartnerschaft. Ein öffentlich-rechtliches Internet, eine gerechte Besteuerung der US-Medienkonzerne, die Rekonstruktion der Öffentlichkeit und ganz andere Schulen. Mit einem Teil davon könnte Österreich selber anfangen und damit zum internationalen Vorbild werden.«

Die Realität sieht anders aus. Armin Thurnhers Nachfolger in der *Falter*-Chefredaktion, Florian Klenk, und sein Co-Autor Doron Rabinovici zitieren in ihrem 2019 erschienenen Band *Alles kann passieren. Ein Polittheater* Victor Klemperer: »Was jemand willentlich verbergen will, sei es nur vor andern, sei es vor sich selber, auch was er unbewusst in sich trägt: die Sprache bringt es an den Tag.« Klenk und Rabinovici machen die Probe aufs Exempel und montieren Originalzitate europäischer Rechtsaußenpolitiker wie Matteo Salvini, Herbert Kickl, Viktor Orbán oder Jarosław Kaczyński zu einem grotesk-beklemmenden Theaterstück, in dem die Politiker offen ihre autoritären Träume darlegen.

Immer wieder tritt Klenk gemeinsam mit dem Kabarettisten Florian Scheuba auf den heimischen Kabarettbühnen auf und bringt dem Publikum die Korruptions- und sonstigen Skandale näher, die das Land regelmäßig erschüttern. Scheuba, der als »Investigativ-Kabarettist« das politische Geschehen Österreichs beobachtet, veröffentlicht 2022 *Wenn das in die Hose geht, sind wir hin*, in dem er aus den Hunderttausenden von Chatnachrichten, die auf dem Handy eines Spitzenbeamten und Intimus des Bundeskanzlers a. D., Sebastian Kurz, gefunden wurden, einige besonders griffige auswählt und kommentiert. »Wer dieses Buch liest, wird zornig werden, auch das ist schwer zu vermeiden, es ist auch erwünscht. Wer es liest, wird viel lachen und ist daher zu beneiden; nicht zu beneiden ist, wer darin vorkommt«, schreibt Daniel Kehlmann in seinem Vorwort.

2023 folgt Thurnhers aktuelles Österreich-Buch, *Anstandslos. Demokratie, Oligarchie, österreichische Abwege*, in dem er den Anstand, einen »bürgerlich-kleinbürgerlichen Kampfbegriff gegen den Feudaladel«, in den Titel einbezieht und konstatiert: »Dass selbst das Tun, als wäre man anständig, in Österreich aus der Mode kam, zeigt den Ernst einer Lage, in der es kein moralisches Halten gibt.« Neben allem Zorn über die Ära Kurz und ihr inferiores Personal findet aber auch eine schöne Definition der Form Essay Platz in Thurnhers Buch: »Sie und ich befinden uns in einem Essay, ich habe einen Plan, aber ich taste mich auch vom einen zum anderen fort, und wenn es Ihnen recht ist, stelle ich meine Überlegungen dabei fortwährend in Frage. Es ist Zeit auszusteigen, wenn Sie ein Werk voller Parolen, aufgeblasener Gewissheiten und forscher Festigkeiten suchen. Der Boden, auf dem ich mich bewege, bewegt sich.«

WÄLDER, METROPOLEN: KARL-MARKUS GAUSS UND FRANZ SCHUH

Nach seinen ersten Büchern verfolgte Karl-Markus Gauß im 21. Jahrhundert zwei im Wortsinn eigenwillige Projekte. Abwechselnd zu Reisebänden wie *Die sterbenden Europäer* (2001) und *Die Hundeesser von Svinia* (2004) veröffentlicht Gauß von ihm so genannte Journale, in denen er sich pointiert und stets mit Bezug auf sein eigenes Leben mit dem Geschehen in Österreich und der Welt auseinandersetzt: *Mit mir, ohne mich* (2002), *Von nah, von fern* (2003) sowie *Zu früh, zu spät. Zwei Jahre* (2006), *Ruhm am Nachmittag* (2012), *Der Alltag der Welt* (2015) und *Die Jahreszeiten der Ewigkeit* (2022) lauten die Titel dieser Bücher, in denen er seine Beobachtungen und Ideen notiert und diese in Form von Reportagen, Essays, Porträts, Glossen und Aphorismen komponiert. Gauß setzt Weltpolitik, Lokalnachrichten, Literatur, seine Familiengeschichte und das eigene Leben stilistisch elegant und thematisch variantenreich miteinander in Bezug. Das Etikett »autofiktional«, mit dem diese Bücher charakterisiert werden, legt der Autor folgendermaßen aus: »Ich schreibe über mich, aber derjenige, über den ich schreibe, ist ja nur ein Bild von mir – mit dem ich mich als Leser aber mittlerweile zu identifizieren begonnen habe.«

Keineswegs aber passen alle Bücher von Gauß in diese Kategorien. *Im Wald der Metropolen* (2010) könnte man am ehesten als alternative Kulturgeschichte Europas von seiner Erfindung durch die Humanisten bis ins frühe 21. Jahrhundert bezeichnen, die ohne Berlin, Paris und London auskommt. Seine Metropolen des »persönlichen und imaginären Europa« liegen woanders: Neben Istanbul, Bukarest oder Brüssel bereist er kleine Städte und Dörfer wie das burgundische Beaune oder das slowenische Dragatuš, eine Geschichte Europas voller gescheiterter Utopien und vergeudeter Möglichkeiten, die entvölkerte Landstriche, verlorene Sprachen, Reste von ehedem blühender Vielfalt ins Bild rückt; dabei geht es ihm nicht um das Erzeugen von Nostalgie, sondern darum, durch historisches Bewusstsein den Blick auf die Gegenwart zu schärfen.

Stark autobiographisch geprägt sind *Das Erste, was ich sah* (2013) und *Abenteuerliche Reise durch mein Zimmer* (2019). Für die Reportagensammlung *Die unaufhörliche Wanderung* (2020) wurde Gauß mit dem Leipziger Buchpreis für Europäische Verständigung ausgezeichnet.

19 Bücher hat Karl-Markus Gauß in den vergangenen 28 Jahren bei Zsolnay veröffentlicht, kaum ein anderer hat innerhalb dieser Zeitspanne mehr vorgelegt. Hat er jemals an einen Verlagswechsel gedacht? »Andere interessieren sich meistens nicht für mich als ganzen Autor, sondern nur für den einen oder anderen Aspekt meines Schreibens. Bei Zsolnay kann ich kontinuierlich machen, was ich will und in welche Richtung auch immer ich mich dabei entwickle. Das ist für mich besonders wichtig – abgesehen von langen Freundschaften, die mich mit dem Verlag verbinden. Natürlich zähle ich heute längst zu den älteren Herren, die bei Zsolnay publizieren, aber immer noch bin ich der Youngster unter den älteren Herren.«

Franz Schuh ist 59, als er 2006 bei Zsolnay debütiert. Der vielseitige Philosoph und Publizist, der sich dem Literatur- und Wissenschaftsbetrieb bis dahin eher verweigert hat, veröffentlicht seither regelmäßig Bücher, in denen er sich der prekären Situation des Essayisten stets bewusst ist, wie er in *Memoiren. Ein Interview gegen mich selbst* (2008) schreibt. Der Essayist ist für ihn »beschreibbar aus einem doppelten Nicht-Talent«, anders gesagt, »ideal zum Abwatschen«.

Sechs weitere Bücher von Schuh sind seither erschienen: *Schwere Vorwürfe, schmutzige Wäsche* (2006), *Der Krückenkaktus. Erinnerungen an die Liebe, die Kunst und den Tod* (2011), *Sämtliche Leidenschaften* (2014), *Fortuna. Aus dem Magazin des Glücks.* (2017), *Lachen und Sterben* (2021) und *Ein Mann ohne Beschwerden* (2023).

Wie er von Herbert Ohrlinger aus seiner anfänglichen Verweigerungshaltung gelockt worden ist und wie er die Entwicklung bewertet, erzählt niemand so prägnant wie Franz Schuh selbst: »Ich bin jemand,

Franz Schuh und Franz Schuh; Zsolnay Jour-fixe, 8. März 2017

der kein Buch braucht, um seine schreibende Natur zu realisieren. Ich bin kein Buchautor. Es gab zwar irgendwelche Bücher verstreut herumliegend, das hat mir aber nichts bedeutet. Was mir etwas bedeutet hat, das waren die Interventionen in den laufenden Diskurs. Aber eines Tages, noch vor seiner Zsolnay-Zeit, hat mich Ohrlinger angerufen und nach Salzburg zu einem Vortrag eingeladen. Das ist gut, da gibt es ein bisschen Geld und die Möglichkeit, sich vernünftig zu beschäftigen. So habe ich den Ohrlinger kennengelernt, der ja eigentlich ein Kritiker war und auch mein Buch bei Ritter, den *Stadtrat*, verrissen hat [was Ohrlinger strikt bestreitet, Anm.]. Das hat mir aber gar nichts gemacht, ich hatte mein Buch ja sogar unter einem Pseudonym selbst verrissen. Ohrlinger war einer dieser interessierten jungen Leute, die eine Ablösung vom alten Literaturbetrieb dargestellt haben. Im Laufe meiner Karriere bin ich ja einmal im alten Zsolnay Verlag gewesen, da war so ein alter Herr, der ein Vertreter dieses bourgeoisen Kulturbetriebs gewesen ist. Ich beharre darauf, seinen Namen vergessen zu haben und hatte mit Sicherheit kein Interesse, bei Zsolnay etwas zu veröffentlichen.

Nun, das Gespräch lief nicht so gut, Ohrlinger war verärgert, weil er geglaubt hat, ich will zu Hanser, aber ich wollte weder zu Hanser noch zu Zsolnay. Krüger war ohnehin nicht begeistert von der Idee, dass ich zu ihm wollen könnte, aber wir haben uns sehr gut verstanden. So kam heraus, dass ich halt zum Ohrlinger gehe. Das ist ohne besondere Leidenschaft passiert, bei ihm schien mir das auch so. Wir haben auf der Basis neutraler Zusammengehörigkeit zu arbeiten begonnen. Doch durch diese Arbeit hat sich eine Schreibeinheit gebildet. Ohne den Ohrlinger wäre ich kein Mensch geworden, der an ein Buch geglaubt hätte. Ich bin ein Modernist, das Abgetakelte, Niedrige interessiert mich, das Hingeschmierte, während diese gestriegelten Bücher nie meine Sache waren. Aber durch Ohrlinger und die Arbeit mit ihm, die eine besondere Art der Arbeit ist, habe ich Interesse bekommen, die Dinge sauber zusammenzuhängen, sodass nicht ihr Zusammenhang plausibel wirkt, sondern ihre Heterogenität. Dass wir etwas machen konnten wie ein *Interview gegen mich selbst* – ein Buch, das eine Rache am Literaturbetrieb war –, das war wunderbar.

Ohrlinger lässt mich schreiben und greift nur so weit ein, wie er muss. Er kann meine Gedichte nicht leiden, aber wir kommen sonst gut miteinander aus. Ich bringe bei ihm sogar Wörter wie ›Trenzpatterl‹ durch. Ohrlinger gibt mir so viel Freiheit, wie er kann, und so viel, wie ich haben muss, damit mir das auch Freude macht. Andere Lektoren schauen dir über die Schulter und stehen mit Feder und Schwert hinter dir und spießen dich und deine Texte auf, und es ist nicht einmal sicher, ob sie ihnen recht sind oder nicht. So ist der Ohrlinger zum Glück nicht.

Ich habe jahrelang gearbeitet, und keinen Menschen hat das interessiert. Du brauchst schon jemanden, bei dem du annimmst, den interessiert das, und die wollen das haben und wollen was hören. Und das hat sich so entwickelt, ohne den Zsolnay Verlag wäre das nicht möglich gewesen. Da hätte ich mich zerstreut, und das hätte mir auch Freude gemacht, aber so ist das natürlich eine weitaus bessere Position, von der ich niemals zu träumen gewagt hätte.«

GROSSE WANDERUNGEN

In einem alten Haus oberhalb eines Hafens in Cornwall, vor dem ein Kapitän 150 Jahre zuvor eine Araukarie gepflanzt hat, herrscht eine »Traurigkeit, die in einer Wahrheit wurzelte«. So empfindet das Philip Marsden, der sich als Kind mit der Eigentümerin des Hauses, Zofia, angefreundet hat. Sie stammt aus dem Osten Polens, der seit 1945 nicht mehr zu Polen gehört. Später übergibt Zofia dem erwachsenen Erzähler die Aufzeichnungen ihrer Mutter. »Feuchter Waldgeruch stieg von den Kladden auf, während ich sie las, auch Leidenschaft und Verrat. Das alte Europa war zwischen diesen vergilbenden Seiten wie eine Fliege gefangen und zerquetscht worden.« Wenig später reisen Philip und Zofia nach Weißrussland, um dieses in zwei Weltkriegen vernichtete Europa auf den Seiten seines Buches zum Leben zu erwecken. 1997 erscheint die deutschsprachige Ausgabe von Philip Marsdens *Das Haus der Bronskis. Die Geschichte von Helena und Zofia*.

Dieses Buch steht am Anfang einer langen Reihe von Zsolnay-Büchern, in denen Geschichten erzählt werden, die keine Fiktionen sind, sondern ihre Leser teils in die Vergangenheit, teils in entlegene Landstriche mitnehmen: Familienchroniken, Reportagen, Memoirs. Und wie bei Philip Marsden sind es oft alte Häuser, in denen sie ihren Ausgang nehmen.

»Ich muss darauf hinweisen, dass nichts in diesem Buch erfunden ist, abgesehen vielleicht von der Struktur, die wir den nackten Tatsachen geben, wenn wir eine Erzählung aus ihnen machen«, beschreibt Chaim Potok im Vorwort von *Novembernächte. Die Geschichte der Familie Slepak* das Prinzip dieses heutzutage *narrative non-fiction* genannten Genres, das für Herbert Ohrlinger zumindest die gleiche Bedeutung hat wie Romane, wenn nicht eine höhere. Das Buch des jüdischen Erzählers Potok über das wechselvolle Geschick der Familie, das »ein Licht auf das werfen könnte, was letztlich mit allen Völkern der Sowjetunion geschah«, setzt die Reihe im Frühjahr 1998 fort.

Als erster österreichischer Autor veröffentlicht Walter Kohl im Jahr 2000 eine große Reportage bei Zsolnay: *Ich fühle mich nicht schuldig. Georg Renno, Euthanasiearzt* heißt sein auf einem langen Interview beruhendes Buch über einen der Hauptverantwortlichen für den Massenmord an behinderten Menschen im oberösterreichischen Schloss Hartheim. Von manchen Kritikern wurde das Buch aufgrund fehlender Quellenangaben und angeblich zu großer Empathie für einen Massenmörder angegriffen – das nichtfiktionale Erzählen ist im deutschen Sprachraum zu diesem Zeitpunkt noch weniger etabliert als im angelsächsischen.

In die unmittelbare Vergangenheit führt der Kosovare Beqë Cufaj in seinem Reportagenband *Kosova: Rückkehr in ein verwüstetes Land*. Der nach Deutschland ausgewanderte Publizist kehrt unmittelbar nach Einmarsch der Kfor-Truppen 1999 in seine Heimat zurück und schildert die in Trümmern liegende Gegenwart und die ungewisse Zukunft des jungen Landes. Er warnt seine Landsleute davor, die Spirale des Hasses weiterzudrehen: »Wenn mir widerfahren würde, was diesen Menschen widerfahren ist, dann würde ich nicht wollen, dass jemand in meinem Namen spricht. Schon gar nicht, wenn es darum ginge, meinem Tod die Krone der Rache aufzusetzen.«

Ein ähnlicher, wenn auch weniger versöhnlicher Gedanke findet sich in Henryk Grynbergs Erzählungen aus Galizien, *Drohobycz, Drohobycz*. Übersetzer Martin Pollack zitiert den Autor im Nachwort mit dem Bekenntnis, den Mördern seines Vaters, der von polnischen Bauern erschlagen wurde, nicht vergeben zu können. »Ich fühle mich nicht berechtigt dazu. Sollen die Ermordeten vergeben.« Wie einzelne Steine auf einem riesigen Gräberfeld wirken auf Pollack die Ortsnamen in Grynbergs Berichten. 2,7 der 3,5 Millionen jüdischen Einwohner des ehemaligen österreichischen Kronlandes, dessen Städte Krakau und Lemberg zu den geistigen Zentren des europäischen Judentums gehört hatten, wurden von den Nationalsozialisten ermordet.

Eine ganze Reihe von Reportagebänden legt Karl-Markus Gauß vor. Mit *Die sterbenden Europäer* (2001) ergänzt und vertieft Gauß einige

Themen, die er bereits im *Europäischen Alphabet* verarbeitet hat. Der Autor besucht Angehörige kaum mehr bekannter Minderheiten Europas – Sepharden, Gottscheer, Arbareshe, Sorben oder Aromunen – und schreibt darüber. Für *Die Hundeesser von Svinia* (2004) besucht Gauß ein berüchtigtes Romaghetto in der Ostslowakei. »Das Wesentliche an einem Slum ist nicht die Armut, nicht die Gewalt, nicht die Arbeitslosigkeit, nicht der Verfall. Das Wesentliche eines Slums ist seine Unsichtbarkeit. Der Slum ist nebenan, aber man sieht ihn nicht.« Für *Die versprengten Deutschen* (2005) macht er sich auf die Suche nach Spuren der nicht vollständig aus Osteuropa vertriebenen deutschsprachigen Bevölkerung. Im Frühjahr 2009 folgen *Die fröhlichen Untergeher von Roana*. In Schweden heimisch gewordene Assyrer, die Zimbern im Norden Italiens, die eine althochdeutsche Mundart sprechen, die litauischen Karaimen, Nachkommen einer geheimnisvollen jüdischen Sekte, sind diesmal Ziele einer Reise, die Gauß mit dem Eindruck beschließt, »nicht allzu viel von der Welt zu begreifen, die zu erkunden ich mich aufgemacht hatte«.

Gauß erzählt in seinen Reisebüchern »persönliche Roadmovies«, die sich zu einer »verkappten Autobiographie« fügen. Seine Subjektivität als Suchender, Reisender und Schreibender macht auch Martin Pollack stets transparent. Der einstmalige Polen- und Österreich-Korrespondent des *Spiegel* stieß bei seiner Arbeit auf eine spektakuläre, wenig bekannte Geschichte: Der später weltberühmt gewordene Fotograf Philippe Halsman wurde im Jahr 1928 in Tirol als Mörder seines bei einem Bergunfall verunglückten Vaters verurteilt. Pollack rekonstruiert den mit deutlich antisemitischer Färbung abgelaufenen Justizskandal. Für das Buch, das 2002 unter dem Titel *Anklage Vatermord. Der Fall Philipp Halsmann* erscheint, hängt Pollack den Journalistenberuf an den Nagel: »Ich konnte neben der Arbeit für den *Spiegel* kein Buch schreiben. Es gibt Leute, die können beides, ich kann es nicht. Außerdem hatte ich schon das nächste Buch im Kopf.«

2004 erscheint *Der Tote im Bunker*. Der titelgebende Tote wurde 1947 in der Nähe der Brenner-Grenze erschossen aufgefunden. Er hieß

Gerald Bast und war Martin Pollacks Vater. Dieser entstammt einer Dynastie von untersteirischen »Sprachgrenzdeutschen«, die ihre Verachtung alles Slawischen von Generation zu Generation weitergibt. »Bei uns hat man keine Fragen gestellt, das war das Problem«, berichtet Pollack über seine Familie. Das eigene Leben und Schreiben begreift er als Gegenentwurf. Beharrlich und konsequent stellt sich der ausgebildete Slawist Pollack der schmerzvollen Geschichte, stellt die richtigen

Martin Pollack und Karl-Markus Gauß, Semper-Depot, 21. September 1999

Fragen und trägt Dokumente zusammen, die über die Tätigkeit und die Verbrechen seines Vaters Aufschluss geben. »Sich in dieser Art mit der Geschichte auseinanderzusetzen, so persönlich, das war relativ neu hierzulande, damit haben die Österreicher erst spät begonnen«, erzählt der Autor. »Das Buch über meinen Vater hat schon auch durch die Art und Weise, wie es geschrieben ist, etwas bewirkt. Das zeigen die Reaktionen der Leserinnen und Leser. Viele sind selbst auf Dokumente gestoßen, die zeigen, dass der Großvater bei der SS war, und fragen mich, was sie jetzt tun sollen. Ich antworte dann, dass sie das selbst wissen müssen – es ist eine never-ending Story. Auch in meinem Fall.«

2008 erscheint sein Reportagenband *Warum wurden die Stanisławs erschossen?*, in *Kaiser von Amerika. Die große Flucht aus Galizien* (2010) rekonstruiert Pollack eine der großen historischen Migrationsbewegungen aus dem Osten der damaligen Habsburgermonarchie in Richtung Amerika. 2019 findet er in *Die Frau ohne Grab* zu seiner Familiengeschichte zurück. Großtante Pauline war mit einem Slowenen verheiratet und wurde am Ende des Zweiten Weltkriegs als »Volksdeutsche« in ein Internierungslager verschleppt, wo sie starb. Pollack fragt sich, ob es nicht Revanchismus bedeute, das Schicksal einer deutschsprachigen Untersteirerin zu erforschen, die der Grausamkeit der Partisanen zum

Opfer fiel, und findet auch eine Antwort: »Ich bin davon überzeugt, dass wir heute alle Geschichten erzählen können, vielleicht sogar müssen, ohne Zorn und Eifer, ohne etwas zu verschweigen oder auszublenden, ohne auch nur ansatzweise den Versuch zu unternehmen, die unfassbaren Verbrechen, derer wir uns als Nachkommen schämen, die uns schlaflose Nächte bereiten, auf irgendeine Weise abschwächen zu wollen.«

Neben seinem eigenen Schreiben übersetzt Martin Pollack regelmäßig Bücher polnischer Autoren. 2003 erscheint *Schwarzes Eis. Mein Rußland* des polnischen Journalisten Mariusz Wilk, der 1993 auf eine der Solowetzki-Inseln knapp am Polarkreis gezogen ist. Als Korrespondent kennt er das sichtbare Russland, interessiert sich aber vor allem für das unsichtbare, das man in den sibirischen Weiten spüre, in den Zonen des Ural, bei Festen, in Jurten von Nomadenvölkern, in Fischerhütten oder beim Besäufnis mit Warlords im Kaukasus. »Ich habe aus beiden Russlands geschöpft wie aus Eimern«, so Wilk, ein Meister der prägnanten Beschreibung (»Der Sommer auf den Inseln ist kurz und gewaltsam, wie eine Ejakulation«). Er flieht schließlich vor dem einsetzenden Tourismus, wovon er in seinem 2008 erschienenen Buch *Das Haus am Onegasee* erzählt.

Mariusz Wilk ist eine singuläre Erscheinung, steht aber doch für eine besondere Tradition der Reportage, die Polen von Ländern wie Österreich und auch Deutschland unterscheidet. Zehn bis zwölf lange Reportagen erscheinen wöchentlich in der *Gazeta Wyborcza*, die 1989 zur Unterstützung der Gewerkschaft Solidarność gegründet wurde und heute Polens wichtigste Tageszeitung ist. Eine Auswahl der *Gazeta*-Reportagen hat Martin Pollack übersetzt und für den 2006 erschienenen Band *Von Minsk nach Manhattan* zusammengetragen.

Keiner war dabei. Kriegsverbrechen auf dem Balkan vor Gericht, 2004 erschienen, klingt zunächst nach einem historisch-juristischen Sachbuch, ist aber ein Band mit brillanten Reportagen der kroatischen Schriftstellerin Slavenka Drakulić, in denen sie von den Prozessen in Den Haag erzählt, die sie mit ihren eigenen Erlebnissen, Gesprächen und Recherchen verknüpft. Drakulić weiß aus Erfahrung, wie einfach es ist, Menschen zu manipulieren, und sie befürchtet, dass man die junge Generation in Kroatien »in dieselbe Situation versetzt wie meine nach dem Zweiten Weltkrieg. Je nachdem, auf welcher Seite ihre Eltern standen, wird sie sich nur auf staubige Bilder und blutige Geschichten stützen können – einzig persönliche Erinnerungen, keine Historie.«

Entschieden gegen die Manipulation der Geschichte kämpft auch Emir Suljagić, der als Übersetzer für die UN-Truppen als einer der wenigen Muslime von Srebrenica dem Völkermord entging. *Srebrenica – Notizen aus der Hölle* lautet der Titel von Suljagićs Bericht über das schlimmste Massaker auf europäischem Boden seit dem Zweiten Weltkrieg, der von einem kenntnisreichen Nachwort des *F. A. Z.*-Korrespondenten Michael Martens ergänzt wird. Suljagić arbeitet heute als nicht unumstrittener Direktor des Srebrenica Memorial Centre.

2011 veröffentlicht Michael Martens selbst *Heldensuche. Die Geschichte des Soldaten, der nicht töten wollte*, wofür er sich auf die Suche nach Spuren eines deutschen Soldaten namens Josef Schulz macht. Dessen Schicksal kannte im einstigen Jugoslawien jedes Kind: Der Wehrmachtsgefreite weigerte sich, bei einer Erschießung serbischer Partisanen teilzunehmen, wurde daraufhin kurzerhand selbst zu den Verurteilten gestellt und mit ihnen standrechtlich erschossen. Denkmäler wurden ihm errichtet, seine heldenhafte Tat war Teil des jugoslawischen Geschichte-Lehrplans. Martens wundert sich, dass diese Geschichte in Deutschland fast unbekannt ist, recherchiert in Archiven und an den Orten – und entdeckt letztlich, dass sich die Heldengeschichte in der überlieferten Form nicht zugetragen haben kann.

Der heutige Chefredakteur der Wochenzeitung *Falter*, Florian Klenk, legt 2011 den Reportagenband *Früher war hier das Ende der Welt* vor. Darin erzählt er von tragischen und skurrilen Begegnungen entlang des ehemaligen Eisernen Vorhangs, von der Überforderung vieler durch den Ansturm auf gerade noch hermetisch abgeriegelte Landstriche und vom neuen Grenzverkehr, der ganze Dörfer in Bordelle verwandelt hat.

EIN BUCH VERÄNDERT DIE STADT

»Häuser zu betrachten ist eine Kunst«, schreibt ein zuvor nur Insidern bekannter britischer Keramiker in einem Buch über seine Vorfahren. »Man muss sehen lernen, wie ein Gebäude in der Landschaft oder einer Straßenlandschaft situiert ist. Man muss entdecken, wie viel Raum es in der Welt einnimmt, wie viel davon es verdrängt.« Diese Passage ist der Pariser Wohnadresse der jüdischen Bankiersfamilie Ephrussi gewidmet, einem gediegenen, aber nicht protzigen Haus in einer Gegend von Paris, die Zeitgenossen als »Le Westend« bezeichneten und in der sich aufstrebende jüdische Familien am Ende des 19. Jahrhunderts ansiedelten. Als Herbert Ohrlinger das zehnseitige Exposé des noch ungeschriebenen Buches liest, weckt der Name Ephrussi eine Erinnerung: Bei Joseph Roth kommt die Ephrussi-Bank vor, im *Radetzkymarsch* und in *Juden auf Wanderschaft*. Juden, die es in Wien zu etwas gebracht haben, eröffnen dort ein Konto. Die Familie Ephrussi, einst eine der reichsten Wiens, war längst vergessen. Als *Der Hase mit den Bernsteinaugen* 2011 in der Übersetzung Brigitte Hilzensauers erscheint, hat sich seit 66 Jahren kaum jemand die Mühe gemacht, das große Gebäude vis-à-vis der Universität, auf der Innenseite des Rings, eingehender zu betrachten. »Das Haus ist schlicht viel zu riesig, um es in sich aufzunehmen, es nimmt zu viel Raum ein in diesem Teil der Stadt, zu viel Himmel«, schreibt Edmund de Waal über den ersten Eindruck, den das Gebäude auf ihn gemacht hat. Es ist der Wohnsitz seiner Vorfahren, das Palais des Wiener Zweigs der Familie. Mit der Veröffentlichung des *Hasen mit den Bernsteinaugen* verankert de Waal das Palais aufs Neue im kollektiven Bewusstsein der Stadt. Seine Familienchronik, erzählt entlang einer Sammlung japanischer Netsuke, lässt eine teils vergessene, teils verdrängte Epoche wiederauferstehen, in der Wien zwar nicht mehr unbedingt das politische, so doch das kulturelle Zentrum Mitteleuropas war. »Um 1910 hatten allein Warschau und Budapest eine größere jüdische Bevölkerung, außerhalb Europas nur New York«, ruft de

Victor, Edmund, Benjamin und Matthew de Waal, Palais Ephrussi, 20. Oktober 2011 (von links)

Waal in Erinnerung. Wien war damals eine Stadt, »in der die Öffentlichkeit von Juden beherrscht wurde. Die Banken, die Presse, das Theater, die Literatur, gesellschaftliche Veranstaltungen, alles war in den Händen der Juden.«

Der Hase mit den Bernsteinaugen ist kein nostalgisches Buch, Wien für den Nachgeborenen keine idealisierte verlorene Heimat. Das Palais empfindet er als »aggressiv golden, aggressiv beziehungslos«, die ganze Ringstraße als unangenehm pompös. Der Kontrast zwischen dieser Stadt und den filigranen Figuren, denen er folgt, könnte größer nicht sein: »Meine Netsuke sind aus verschiedenen Materialien, Buchsbaumholz oder Elfenbein. Sie sind durch und durch hart. Sie sind nicht potemkinsch, sie sind nicht aus Gips und Pappe. Es sind witzige kleine Sachen, und ich kann mir nicht vorstellen, wie sie in dieser selbstgefällig-großmäuligen Stadt überleben sollen.« Und doch übergibt Edmund de Waal seine Sammlung dem Jüdischen Museum Wien als Dauerleihgabe.

»Die Erzählung der Stadt ist durch dieses Buch eine andere geworden«, ist Herbert Ohrlinger überzeugt. »Das größere Österreich von einst, auf das sich auch Paul Zsolnay bezogen hat, das Mitteleuropäische, das alles kommt in diesem Buch zum Ausdruck.«

Auch dank der bei Zsolnay erschienenen Ausgabe – allein im Hardcover werden mehr als 300 000 Exemplare verkauft – wird *Der Hase mit den Bernsteinaugen* zu einem internationalen Erfolg.

Viele Gemeinsamkeiten, aber auch grundlegende Unterschiede zu Edmund de Waals Buch weist *Wohllebengasse. Die Geschichte meiner Wiener Familie* auf. Auch das 2013 erschienene, wiederum von Brigitte Hilzensauer übersetzte Buch des gebürtigen Australiers Tim Bonyhady zeichnet das Schicksal einer großbürgerlichen jüdischen Wiener Familie nach, die 1938 aus der Stadt gejagt wurde. Doch die Familie Gallia ist nicht durch Bankgeschäfte zu ihrem Vermögen gekommen, die Gallias waren Händler und wurden durch die Vermarktung des Auer-Welsbach'schen Glühstrumpfs reich. Moriz Gallia kam erst in den 1890er Jahren aus Südmähren nach Wien. Zwanzig Jahre später zählte seine Familie zu den wohlhabendsten der Stadt. Sie ließ kein Ringstraßenpalais erbauen, sondern ein modernes Haus in der Wohllebengasse, unweit der Ringstraße. Das Innere des Hauses war nicht mit Gold, Stuck und Marmor verziert, sondern ein von Josef Hoffmann entworfenes secessionistisches Gesamtkunstwerk auf der Höhe seiner Zeit. Vor allem aber hatten die Gallias mehr Glück als die gedemütigten Ephrussis: Sie konnten ihr Hab und Gut verpacken und mit ins Exil nehmen. »Ihre Transportkisten enthielten alle nur vorstellbaren Einrichtungs- und persönlichen Gegenstände, von Kronleuchtern bis zu Fußabstreifern, von Kuchenformen bis zu Ferngläsern, Spitzen und Leinen, Schlittschuhen und Skiern, Briefen und Tagebüchern, Rechnungen und Quittungen. Ein Klavier genügte nicht, Gretl und Käthe nahmen zwei mit: ein Pianino und einen Flügel. Und Bilder: Porträts, Landschaften, Seestücke, Stillleben, Genrebilder, eine Straßenszene, ein Interieur. Jede ihrer drei Garnituren Silberbesteck bestand aus mehr als 150 Teilen. Die größte ihrer drei Vitrinen war mehr als eineinhalb Meter breit und beinahe zwei Meter hoch, ihr größter Bücherschrank mehr als sechs Meter lang.« Die Gallias zählten in der Zeit der Wiener Moderne zu den wichtigsten Mäzenen der Wiener Kunst- und Designszene. Mit den beiden Schwestern Gretl und Käthe verließ eine der bedeutendsten Kunstsammlungen die Stadt, darunter Gemälde von Gustav Klimt und Emil Orlik, das Interieur von Josef Hoffmann, Geschirr und Besteck der Wiener Werkstätte. Bonyhady, der Urenkel von Moriz und Hermine Gallia, die mit Gustav und Alma Mahler, Carl Moll und Gustav Klimt Umgang hatten, erzählt ihre Geschichte und zeichnet damit das Soziogramm einer der für das Wien der Jahrhundertwende prägenden jüdischen Familien, deren Haus um die Ecke des Zsolnay Verlags steht, und die bis zum Erscheinen des Buchs so gut wie völlig vergessen war.

»Wien ist eine schleichende Krankheit«, findet Richard Swartz, »und wenn es Zeit wird, sich davonzumachen, ist es schon zu spät.« Der schwedische Osteuropa-Korrespondent ist längst von ihr befallen. Er wohnt in Mariahilf, dem sechsten Bezirk, unweit des Flohmarkts, der ihn magisch anzieht. Auf dem Weg dorthin kommt er an den zahlreichen Stolpersteinen vorbei, die an die vielen vertriebenen oder ermordeten jüdischen Bewohner seines Bezirks erinnern. Er kennt die ambivalente Geschichte der Stadt und erzählt von dieser sowie von seiner eigenen Familiengeschichte im 2015 erschienenen *Wiener Flohmarktleben*, in dem es nicht zuletzt darum geht, wie man zum Sammler unnützer Gegenstände wird, und darum, was die Zeit aus den Menschen und ihren persönlichen Dingen macht.

»Der Naschmarkt in Wien ist eine zweifache Doppelreihe aus Marktbuden, wie die Schwimmkörper eines Fischernetzes, aber das Netz selbst liegt verloren im Wienfluss, der der Stadt ihren Namen gegeben hat und dann unter ihren Straßen verschwand. An der Ecke steht das Theater an der Wien, um die Marktbesucher daran zu erinnern, dass sie auf Wasser gehen«, schreibt Nick Thorpe über den ans Wiener Flohmarktgelände angrenzenden Naschmarkt in einem Buch, das schlicht *Die Donau* heißt. »Bei allem nötigen Respekt für die Verdienste vorhergegangener Autoren: Ich glaube, etwas anderes anbieten zu können«, steht in der Einleitung. Bei Zsolnay heißt einer dieser Vorgänger immerhin Claudio Magris. Doch Thorpe weiß sehr genau, was er anzubieten hat. Schließlich seien schon die sogenannten Donauschwaben nur deshalb stromabwärts gefahren, weil sie dem »überzeugungskräftigen Charme der Habsburgerkaiserin Maria Theresia« erlegen waren. Auf jeden Fall handle es sich um die falsche Richtung: »Europa wurde vom Osten her bevölkert und so gewissermaßen zivilisiert.« Thorpe ist Mitteleuropa-Korrespondent der BBC, hat den Fall des Eisernen Vorhangs in Osteuropa erlebt und ist Zeuge der Arroganz des Westens bei der Neuordnung des Kontinents geworden. Mehr als zwei Jahre war er entlang der Donau unterwegs, von Wien führt ihn der Weg stromaufwärts in die Wachau zu Berufsfischern, zu tschetschenischen Flüchtlingen und ins unweit des Stroms gelegene KZ Mauthausen. Am Ursprung der Donau kommen ihm »kühne Reiseschriftsteller aus den Konditoreien« entgegen, »vollgestopft mit Schwarzwälder Kirschtorte, um einer solchen Route stromabwärts zu folgen, und sind zunehmend beklommen, sobald sie in immer unvertrautere Gefilde gelangen«.

Kennern der Filme von Franz Antel ist das Schloss Itter im Tiroler Brixental, einer touristisch bestens erschlossenen Landschaft, womöglich durch den Film *Liebesgrüße aus Tirol* vertraut. In diesem Schloss trug sich am Ende des Zweiten Weltkriegs eine höchst ungewöhnliche Episode zu, von der der US-amerikanische Journalist und Historiker Stephen Harding 2015 in seinem packenden Buch *Die letzte Schlacht* erzählt. Eine Gruppe prominenter französischer Häftlinge, darunter die Schwester Charles de Gaulles und zwei ehemalige Ministerpräsidenten, war in dem zum Dachau-Außenlager gewordenen Schloss interniert. Die SS sollte die Häftlinge am Kriegsende liquidieren; einer Gruppe von Wehrmachtssoldaten, die sich dem Widerstand angeschlossen hatten, und amerikanischen GIs gelang es gemeinsam, das Schloss bis zum Eintreffen eines größeren US-Verbandes gegen die angreifende SS zu verteidigen.

Noch viel weiter in der Vergangenheit und im Osten des Kontinents sucht die in Bulgarien geborene britische Journalistin Kapka Kassabova in *Die letzte Grenze* nach Spuren des alten Thrakien. *Am Rand Europas, in der Mitte der Welt* lautet der Untertitel ihrer großen Reportage, für die sie eine Region ihrer Kindheit bereist, in der heute »etwas wie Europa beginnt und etwas endet, das nicht ganz Asien ist«. Sie macht sich auf, um diese letzte Grenze zu erkunden und die einst verbotenen Orte ihrer Kindheit kennenzulernen. 2021 folgt *Am See. Reise zu meinen Vorfahren in Krieg und Frieden*, in dem sie den Verstrickungen ihrer eigenen Familie in die Konflikte und Tragödien zwischen Bulgarien, Nordmazedonien, Griechenland und Albanien nachspürt. Die individuelle Geschichte ist von den politischen Verwerfungen nicht zu trennen.

Das gilt auch für Sibirien, das wie kaum eine andere Weltgegend mit Verfolgung, Entwurzelung und Verbannung assoziiert wird. Stets klingt der Gulag nach, spricht man den Namen aus. 2015 bereiste die Britin Sophy Roberts, die sich mit einer mongolischen Pianistin angefreundet hatte, die riesige Landmasse zwischen dem Ural und dem Pazifik und entdeckte eine bisher unbekannte Seite: Als im 19. Jahrhundert in Europa eine Art »Pianomanie« ausbrach, blühte auch in Russland die Klavierindustrie auf. Komponisten wie Tschaikowsky und Rachmaninow, Pianisten wie Arthur Rubinstein trugen das Ihre zur Klavierbegeisterung in Russland bei, bis im Zuge der Oktoberrevolution zahlreiche kostbare Instrumente zerstört oder ins Ausland gebracht wurden. Wenig später reisten Klaviere wieder in die andere Richtung, als Beutestücke sowjetischer Soldaten. Sophy Roberts erzählt diese außergewöhnliche Geschichte von *Sibiriens vergessenen Klavieren* (2020).

Achtzig Jahre nach dem »Anschluss« Österreichs an Hitlerdeutschland erscheinen zwei Erinnerungsbücher, für die das Jahr 1938 von zentraler Bedeutung ist: Anna Goldenbergs historische Reportage *Versteckte Jahre* (2018), in der die junge Publizistin die Geschichte des Mannes rekonstruiert, der ihren damals 17-jährigen Großvater von 1942 bis 1945 versteckt und ihm so das Leben rettet, sowie die Erinnerungen der als »Frau Gertrude« im österreichischen Bundespräsidentschaftswahlkampf des Jahres 2016 bekannt gewordenen Gertrude Pressburger, *Gelebt, erlebt, überlebt*. Angesichts der aggressiven Rhetorik der FPÖ, die sie an ihre Kindheit im Wien der dreißiger Jahre erinnerte, rief die bis dahin unbekannte Frau zur Wahl von Alexander Van der Bellen auf und erreichte damit hohe Aufmerksamkeit. Die Journalistin Marlene Groihofer gestaltet zunächst eine Radiosendung über die couragierte alte Dame und zeichnet dann ihre Lebenserinnerungen auf. Gertrude Pressburger hat nicht nur den Bürgerkrieg erlebt, von dem H. C. Strache und seine Parteigänger leichtfertig sprachen, sondern war aufgrund ihrer jüdischen Herkunft mit ihrer Familie nach einer abenteuerlichen Flucht von den Nazis verhaftet und nach Auschwitz deportiert worden, wo ihre gesamte Familie ermordet wurde. Nach Kriegsende landete sie in Schweden, wo sie Bruno Kreisky kennenlernte, gegen dessen ausdrücklichen Rat sie nach Wien, »ins Feindesland«, zurückkehrte.

Wenige Reportagen wirken sich so konkret auf das Leben der darin beschriebenen Protagonisten aus wie Florian Klenks 2021 erschienenes Buch *Bauer und Bobo. Wie aus Wut Freundschaft wurde*. Klenk erzählt darin von einer Geschichte, die in einem nicht untypischen Streit in den sozialen Medien ihren Ausgang nahm: Der Chefredakteur der Wiener Wochenzeitung *Falter* lobte ein Gerichtsurteil, das einen Bauern am Tod einer von seiner Kuh niedergetrampelten Touristin schuldig sprach. Klenk wurde daraufhin von dem Bergbauern Christian Bachler heftig beschimpft und zu einem Praktikum auf seinem Hof eingeladen. Er nahm die Herausforderung an, reiste in die Steiermark und freundete sich mit dem unkonventionellen Bauern an, der sich als kluger Kritiker der Agrar- und Klimapolitik herausstellte. Bachler war jedoch, was er Klenk zunächst verheimlichte, gerade dabei, Haus und Hof an seine (Raiffeisen-)Bank zu verlieren. Von Nachbarn darauf aufmerksam gemacht, startete Klenk einen Spendenaufruf und rettete die Existenz des Bauern. Klenks Buch ist kein modernes Märchen über eine ungewöhnliche Freundschaft, sondern benennt konkret die Verantwortlichen für die Misere vieler Landwirte und skizziert Wege, wie eine verträgliche Agrarpolitik gestaltet werden könnte.

Flucht und Migration sind wesentliche Motoren der Erinnerungs-

und Reportagenbücher des Verlags. Das zeigen auch zwei höchst unterschiedliche Werke aus dem Jahr 2022: einerseits die von Andreas Hepp aufgezeichnete Geschichte *Freitag ist ein guter Tag zum Flüchten*, in der Elyas Jamalzadeh, der bereits als Flüchtling geboren wurde, von seiner aus Afghanistan vertriebenen Familie und seinem lebensgefährlichen Weg aus dem Iran nach Europa erzählt. In Österreich lernt Jamalzadeh Deutsch, findet eine Arbeit, eine Frau und einen Freund, dem er seine Lebensgeschichte berichtet.

Im gleichen Jahr erscheint Ernst Strouhals Buch *Vier Schwestern*, das er seiner Mutter und seinen drei Tanten widmet. Diese wuchsen als Töchter des Eigentümers und Chefredakteurs der *Neuen Freien Presse*, Ernst Benedikt, in einer Villa in Wien-Grinzing auf, die 1938 arisiert wurde. »Dass die vier Grinzinger Kinder jüdischer Herkunft waren, machten ihnen erst die Nazis klar«, heißt es bei Strouhal. Im Zug der Novemberpogrome wird ihr Vater schwer misshandelt, die Familie zersplittert: Stockholm, Zürich, New York und London werden zu Orten des Exils der vier jungen Frauen. Eine wird Schriftstellerin, eine Sozialarbeiterin, eine Journalistin, eine Ärztin – und nur diese kehrte nach Wien zurück, Ilse, die Mutter von Ernst Strouhal. Die reiche Korrespondenz dieser vier Schwestern, höchst unterschiedliche, aber starke Persönlichkeiten, blieb erhalten und damit ihre Gedanken und Erinnerungen an ein großbürgerliches, turbulentes, für immer vernichtetes Wien, sowie an die Vertreibung und den Neubeginn. Ernst Strouhal macht ihre Stimmen hörbar und schafft damit ein grandioses Dokument der österreichischen Zeitgeschichte.

Wie schon in Philip Marsdens *Haus der Bronskis* von 1997 löst in Menachem Kaisers *Kajzer. Mein Familienerbe und das Abenteuer der Erinnerung* ein altes Haus eine Recherche aus, die schließlich zu einem Buch wird. Der Autor erfährt, dass sein Großvater vor dem Zweiten Weltkrieg ein Haus in Schlesien besaß, und beginnt nachzuforschen. Schlesien lernt er als Land der Verdrängung kennen. »So viele verlorene, zu Ende gegangene, ausgelöschte, verpflanzte Kulturen und Völker. Ich glaube nicht an Gespenster, aber ich wage mit Sicherheit zu behaupten, dass Schlesien von Gespenstern heimgesucht wird.« Wie soll man in einem Landstrich mit einer dermaßen »aufgewühlten Demographie« mit der Erinnerung, mit Besitzansprüchen, mit den Gespenstern der Vergangenheit umgehen? Menachem Kaiser ist zwar der jüngste Zsolnay-Autor, den diese Fragen antreiben, gewiss wird er aber nicht der letzte sein.

GROSSE KÖPFE

»Wir wollen die großen Köpfe«, lautet eines der Vorhaben Krügers und Ohrlingers von Anfang an. Gemeint sind damit nicht nur die den Diskurs prägenden Intellektuellen der Stadt und des Landes, sondern auch deren Vorgänger. In der Prinz-Eugen-Straße 30 werden die Lebensgeschichten von Künstlern, Intellektuellen und Politikern aus Österreich und Mitteleuropa gesammelt. Die Neuauflage von Hans Jürgen Fröhlichs Schubert-Biographie im Herbstprogramm 1996, die überarbeitete Neuauflage der Briefe Gustav Mahlers und die 1998 folgenden Biographien von Ralph Benatzky, Arnold Schönberg und Marcello Mastroianni (*Ja, ich erinnere mich*) machen den Anfang.

In den Jahren danach erscheinen regelmäßig Biographien, allen voran Gustav Mahler: Nach mehr als zwanzig Jahren noch immer *das* Standardwerk zum Leben des ikonischen Komponisten der Wiener Moderne ist Jens Malte Fischers monumentale Biographie *Der fremde Vertraute* (2003). Eine der Frauen, die Mahlers Leben mitgeprägt haben, ist Anna von Mildenburg, die während der Zeit des Komponisten als Hamburgs Erster Kapellmeister als Brünnhilde in Wagners *Walküre* debütierte. Mit »Mein lieber Trotzkopf, meine süße Mohnblume« beginnt einer seiner Briefe an die zur Geliebten gewordene Sängerin, und so heißt auch der 2006 von Franz Willnauer herausgegebene Band mit

zweihundert Briefen, die Mahler an sie gerichtet hat. 2010 erscheint
»*Verehrter Herr College!*«, Mahlers Briefe an Komponisten, Dirigenten
und Intendanten, und 2016 »*In Eile – wie immer!*« *Neue unbekannte
Briefe*, wiederum von Franz Willnauer herausgegeben, mit neu entdeckten Mahler-Briefen.

An Umfang steht Richard Osbornes 2002 erschienene Biographie *Herbert von Karajan. Leben und Musik* dem Werk von Jens Malte Fischer nicht nach. Vor dem Hintergrund der Geschichte des zwanzigsten Jahrhunderts breitet Osborne den musikalischen Werdegang, die glanzvolle Karriere und die nicht wenigen Schattenseiten Karajans detailliert aus.

Nicht mit Karajan, doch mit 39 seiner Berufskollegen hat sich der deutsche Musikjournalist Eckhard Roelcke getroffen. In *Der Taktstock* unterhält er sich mit ihnen über ihr wichtigstes Arbeitsgerät. Ein wesentlich längeres Interview führt Roelcke mit dem 1923 in Siebenbürgen geborenen György Ligeti, der allerdings auch gern selbst Fragen stellt, etwa »*Träumen Sie in Farbe?*«. So heißt das Buch, das aus einem langen Gespräch hervorgegangen ist. Wie in Ligetis Musik überlagern sich darin Dutzende Stimmen und Schichten, in denen alles mit allem zusammenhängt und ein verästeltes Gedankengebilde entsteht.

Eine der schillerndsten Gestalten des österreichischen Kultur- und Gesellschaftslebens ist der aus dem rumänischen Temeswar stammende Ioan Holender, von 1991 bis 2010 Direktor der Wiener Staatsoper und oft Mittelpunkt heftiger Polemiken. In seiner Autobiographie *Ich bin noch nicht fertig* (2010) eröffnet er pointiert und ohne Rücksicht auf irgendjemanden einen Blick hinter die Kulissen der Erfolge und Konflikte seiner Ära.

Ein »Weiser des kulturellen Lebens« und einer der »Anreger und Ermöglicher« war laut Luc Bondy Hans Landesmann. Die Erinnerungen des ehemaligen Generalsekretärs des Wiener Konzerthauses, des kaufmännischen Leiters der Salzburger Festspiele und Musikdirektors der Wiener Festwochen erscheinen 2011 unter dem Titel *Ohne Musik wäre das Leben ein Irrtum* und lesen sich wie ein Who's who des internationalen Musiklebens. Landesmanns ereignisreiche Biographie war geprägt von den Begegnungen mit Friedrich Cerha, Nikolaus Harnoncourt, Friedrich Gulda, Pierre Boulez, Claudio Abbado, András Schiff und der Freundschaft zu Markus Hinterhäuser, den er förderte wie keinen anderen.

Schlicht *Musil* nennt der in Münster lehrende Germanist Herbert Kraft seine 2003 erschienene Biographie. Dessen *Mann ohne Eigenschaften* zählt zu den bedeutendsten Romanen überhaupt. Krafts präzises Porträt stellt den gelungenen Versuch dar, die rätselhafte Aura, die Autor und Werk umgibt, zu durchdringen. Gleichzeitig ist das Buch das erste einer Reihe von Biographien über österreichische Autoren, die 2004 vom in London lehrenden Rüdiger Görner mit *Rainer Maria Rilke. Im Herzwerk der Sprache* fortgesetzt wird. Weitere Lebensbeschreibungen widmet Görner Georg Trakl (2014) sowie dem Universal- und *Jahrhundertkünstler* Oskar Kokoschka (2018), den Görner nicht nur als Maler, sondern auch als Intellektuellen mit großem schriftstellerischen Talent zeigt.

Ulrich Weinzierl beschränkt sich in seiner 2005 erschienenen Monographie *Hofmannsthal. Skizzen zu seinem Bild* auf drei Teilbereiche im Leben des Autors, den Schnitzler als den »größten Dichter dieser Zeit« bezeichnet hatte: das Verhältnis zu seiner jüdischen Herkunft (einer seiner Urgroßväter war Jude), seine Faszination für den Adel, sowie die Bedeutung von Liebe und Freundschaft. Der von Wilhelm Hemecker und Konrad Heumann 2014 herausgegebene Band *Hofmannsthal. Orte* ergänzt das Bild durch eine Sammlung knapper Aufsätze zu zwanzig Schauplätzen im Leben Hofmannsthals.

Zweifelsfrei könnte man auch Hofmannsthal so nennen, doch Hilde Spiels Definition »ein Relikt des großen alten Österreich« war auf Leo Perutz gemünzt, dem der Hamburger Perutz-Spezialist und Herausgeber seiner Werke bei Zsolnay, Hans-Harald Müller, 2007 eine große Biographie widmet. Perutz war in den 1920er Jahren einer der erfolgreichsten Erzähler seiner Zeit, verehrt von Kurt Tucholsky abwärts. Vor den Nazis floh der in eine sephardische Prager Familie Geborene nach Palästina, nach Kriegsende stieß er bei dem Versuch, wieder an seine Schriftstellerkarriere anzuknüpfen, auf große Schwierigkeiten. Besonders schmerzlich war für ihn die Ablehnung seines aus heutiger Sicht bedeutendsten Romans, *Nachts unter der steinernen Brücke*. »Es würde unsere Aufgabe natürlich wesentlich erleichtern, wenn wir mit einem neuen Buch von Ihnen herauskämen«, schrieb ihm Paul Zsolnay, »jedoch sollte es nicht wie das vorliegende durch das Thema oder vielmehr durch das Milieu Widerständen begegnen, die ich Sie bitte, nicht unterschätzen zu wollen.« Der verklausulierte, aber deutliche Hinweis darauf, dass der Roman angesichts des noch immer starken Antisemitismus schlicht zu jüdisch war, milderte Perutz' »traumatische Enttäuschung« nicht.

Dem Nobelpreisträger von 1961, Ivo Andrić, dessen auf Deutsch verfügbares Werk bei Zsolnay erscheint, widmet der langjährige Balkan-Korrespondent der *F. A. Z.*, Michael Martens, die Biographie *Im Brand der Welten. Ivo Andrić. Ein europäisches Leben* (2019). 1892 wurde Andrić als osmanischer Untertan im noch nicht von Österreich annektierten Bosnien geboren. Fünf Jahrzehnte später verlässt der überzeugte Jugoslawe Andrić seine Hauptstadt Belgrad auch während ihrer Bombardierung nicht: »Inmitten dieses kaum überschaubaren Mosaiks der Gewalt sitzt ein etwa fünfzig Jahre alter Herr in einem Zimmer in Belgrad und schreibt Romane. Dem Blutvergießen um ihn herum kann er nichts entgegensetzen als Worte auf Papier.«

Nach essayistischen Bänden zum Wien der Jahrhundertwende, zur Oper und zu Richard Wagner legt der Mahler-Biograph Jens Malte Fischer 2020 ein weiteres Opus magnum vor: *Karl Kraus. Der Widersprecher* heißt die in jeder Hinsicht gewichtige Biographie des Mannes, der das literarische und intellektuelle Wien von der Jahrhundertwende bis in die 1930er prägte und als Autor und Herausgeber der *Fackel*, Aphoristiker, Satiriker, Vortragskünstler und Kulturkritiker dominierte wie keine andere Persönlichkeit des öffentlichen Lebens.

MÄCHTIGE MACHT

Zu den Biographien führender Politiker, die bei Zsolnay erscheinen, muss die von ihrem Autor Günther Sandner explizit »politische Biographie« genannte Lebensgeschichte Otto Neuraths (2014) gerechnet werden. Neurath, einer der Vordenker des Roten Wien, zählt zu den vielseitigsten österreichischen Intellektuellen des zwanzigsten Jahrhunderts, er war Ökonom, Soziologe, Architekt, Philosoph, Wissenschaftshistoriker und Bildpädagoge. Sich selbst bezeichnete er als »Gesellschaftstechniker« und als skeptischen Utopisten. Sandner verbindet die intellektuelle und politische Biographie des Mitglieds des Wiener Kreises und bezieht bisher unveröffentlichte Schriften Neuraths in seine Arbeit ein.

Karl Renner war Mitbegründer beider österreichischer Republiken. *Der erste Präsident. Karl Renner – eine politische Biographie* (2016) lautet der Titel der Biographie, in der der deutsche Politologe Richard Saage das Leben des umstrittenen Sozialdemokraten nachzeichnet, der durch seinen Rücktritt als Parlamentspräsident 1933 Dollfuß' Staatsstreich erheblich erleichtert und sich 1938 zum »Anschluss« Österreichs bekannt hatte.

»Das Wichtigste im Leben ist die Wahl der richtigen Eltern«, findet Heinrich Treichl, der ehemalige Generaldirektor der Creditanstalt, jahrzehntelang das Aushängeschild des österreichischen Bankenwesens. *Fast ein Jahrhundert* weit reichen seine 2003 veröffentlichten Erinnerungen, von der Kindheit in der österreichisch-ungarischen Monarchie bis ins neue Jahrtausend. Der einflussreiche Bankier, ein Citoyen im Wortsinn, der die Brüche und Einschnitte, die Österreichs Zeitgeschichte prägen, am eigenen Leib miterlebt hat, stellt diese sowie das komplizierte Verhältnis von Wirtschaft und Politik in der zweiten österreichischen Republik pointiert, oft provokant, und mit viel Hintergrundwissen dar. »In den Augen vieler, der Medien zumal, war ich ein mächtiger Mann. Ich hätte es vorgezogen, man hätte die große Aufgabe und die Verantwortung gesehen. Ich bin gegen Macht in der Wirtschaft«, so Treichl.

Wie ein Gegenentwurf zu Treichls Sicht auf die Geschichte liest sich in einigen Passagen die *Politische Erinnerungen* betitelte Autobiographie von Franz Vranitzky. Österreichs Bundeskanzler von 1986 bis 1997 wuchs im Gegensatz zu Treichl im Arbeitermilieu auf. Internationales Ansehen erlangte Vranitzky durch seinen Beitrag zur Überwindung des österreichischen Opfer-Mythos, dem er in einer vielbeachteten Rede im österreichischen Nationalrat 1991 vehement entgegentrat. 1993 bat Vranitzky schließlich in Jerusalem im Namen der Republik um Verzeihung für die von österreichischen Tätern begangenen Verbrechen an Juden. Nicht zuletzt war es Vranitzky, der Österreich als Regierungschef in die Europäische Union führte.

WO IST ZUHAUSE?

Einer der interessantesten Köpfe Mitteleuropas war Bogdan Bogdanović. 1993, nachdem sich der ehemalige Bürgermeister seiner Heimatstadt Belgrad öffentlich gegen die serbischen Nationalisten um Slobodan Milošević gestellt hatte, lotste Milo Dor seinen Schulfreund ins Exil nach Wien. 1997 erschienen dessen Erinnerungen unter dem Titel *Der verdammte Baumeister*. Bogdanović, der sich im Zweiten Weltkrieg Titos Partisanen angeschlossen hatte und sich selbst einen schlechten Kommunisten, aber überzeugten Linken nannte, berichtet darin vom Belgrad seiner Kindheit und von seinem Werdegang als Architekt und Politiker. »Der Balkan ist ein Labyrinth aus kulturellen Ablagerungen und hinterhältigen Energien, die sich, wie wir wissen, in Form von tückischen und blutigen Streitereien bemerkbar machen können«, schreibt er über seine Arbeit an den Denkmälern für die Opfer des Fa-

Friedrich Achleitner und Bogdan Bogdanović, Zsolnay-Jour-fixe, 19. September 2001

schismus im ganzen ehemaligen Jugoslawien, von denen die sogenannte Blume aus Beton von Jasenovac das berühmteste ist.

2002 lässt Bogdanović seine urbanistischen Essays *Vom Glück in den Städten* folgen, in denen er seiner Überzeugung Ausdruck verleiht, »dass man selbst aus den bedeutungslosesten Krümeln vieles über die Stadt, ihre Lebenskraft, ihren Charakter, ihre Persönlichkeit und ein wenig auch über ihre Zukunft lernen kann«. 2007 nimmt der Stadtforscher *Die grüne Schachtel* zur Hand, deren Inhalt er bei seiner Flucht vor den serbischen Nationalisten mitgenommen hat. Anhand der enthaltenen Notizen, Erinnerungen und Protokolle seiner Träume führt er seine Leser auf eine poetische Zeitreise durch sein Leben.

Eine ungewöhnliche Mischung aus Autobiographie und Sachbuch veröffentlicht 2007 Peter Demetz, mit knapp 102 Jahren der älteste lebende Zsolnay-Autor, unter dem Titel *Mein Prag. Erinnerungen 1939 bis 1945*. Der emeritierte Germanistik-Ordinarius der Universität Yale verknüpft darin eine Chronik der Kriegsjahre, etwa die Rolle des von Hitler getäuschten tschechischen Präsidenten Emil Hácha, mit den

Folgen, die die Überrumpelung Háchas auf ihn als 16-jährigen hatte. Demetz, Sohn eines ladinischen Südtirolers und einer deutschsprachigen Prager Jüdin, meldet sich zur tschechischen Nationalgarde, um die Republik gegen die Nazis zu verteidigen. Er schreibt über die Jahre der »Entweder-oder-Vereinfachungen« und die erste Zeit der Okkupation, als die liberalen deutschen, oft jüdisch geprägten Organisationen und Institutionen zerschlagen wurden; er skizziert Persönlichkeiten wie Milena Jesenská oder den nationalsozialistischen Reichsprotektor in Böhmen und Mähren, Karl Hermann Frank, erzählt vom Tod seiner Mutter in Theresienstadt und von seiner eigenen Deportation nach Auschwitz, später vom Prager Aufstand und der nach der deutschen Niederlage folgenden Rache an den Deutschen, die das Ende einer Kultur bedeutet, der er selbst als einer ihrer letzten Vertreter angehört – als »letzten Böhmen« bezeichnete ihn der ehemalige tschechische Außenminister Karel Schwarzenberg.

Weiter leben hieß Ruth Klügers berühmtes Erinnerungsbuch von 1992. »Ich habe alles gesagt, was ich darüber zu sagen hatte, Zeugnis abgelegt, das berühmte Zeugnis, das wir uns schon immer, seit der Zeit in den Lagern, abverlangt haben«, schreibt sie später darüber. Mit ihrem Entschluss, sich die eintätowierte KZ-Nummer entfernen zu lassen, setzt die Fortsetzung ein: *unterwegs verloren* erscheint 2008 bei Zsolnay. Sie schreibt darin über den Tod ihrer Mutter, ihre Ehe und Scheidung, über den späten Ruhm, der ihr in Deutschland zuteilwurde, und über die »unterwegs verlorene« Freundschaft zu Martin Walser. »Meine Muttersprache ist das wienerische Hochdeutsch der jüdischen Mittelklasse« – ein Klang, den in diesem Fall nicht die Autorin, sondern die Stadt längst verloren hat. 2013 veröffentlicht Klüger *Zerreißproben*, eine Auswahl eigener Gedichte. Lyrik war für sie schon als junges Mädchen überlebensnotwendig, »weil es in Wien nichts anderes mehr für mich zu tun gab, als Gedichte auswendig zu lernen«.

»Mag sein, dass ich Einiges aus meinem Leben in Gesellschaft recht lustig erzählen kann«, schreibt der österreichische Künstler Rudolf Schönwald an Herbert Ohrlinger, der ihn zum Verfassen einer Auto-

Barbara Coudenhove-Kalergi, Ruth Klüger, Ari Rath

biographie überreden will, »ich bin aber bis heute den Nachweis einer schriftstellerischen Befähigung schuldig geblieben.« 2022 stimmt der fünf Jahre zuvor formulierte Satz nicht mehr, da erscheinen Schönwalds von Erich Hackl aufgezeichnete Erinnerungen unter dem Titel *Die Welt war ein Irrenhaus*. Der von den Nazis als »Volljude« eingestufte Schönwald überlebte den Zweiten Weltkrieg teils in Haft, teils als U-Boot in Ungarn, betrieb später mit Alfred Hrdlicka und Georg Eisler eine Werkstatt in Wien, studierte an der Akademie der bildenden Künste und wurde Professor für Bildnerische Gestaltung in Aachen. Seine bewegte Lebensgeschichte erzählt er packend und mit freimütigem Humor.

»Alles, was mir lieb und wichtig war, wurde mir nach dem 11. März 1938 genommen, weil ich Jude bin«, schreibt Ari Rath, der langjährige Chefredakteur der *Jerusalem Post*, in seiner Autobiographie *Ari heißt Löwe*. Rath, der aus einer altösterreichischen Familie stammt und vor den Nazis nach Palästina flüchtete, vermag sich erst durch die aufgrund der Waldheim-Debatte ausgelöste Aufarbeitung der nationalsozialistischen Vergangenheit wieder Österreich zu nähern. Nach der Erinnerung an Kindheit, Flucht und den Neubeginn in Palästina machen die Begegnungen, die er als Mitglied der Arbeiterpartei und später als Journalist mit den maßgeblichen Politikern seiner Zeit erlebte, den Hauptteil des Buchs aus.

Ein höchst ambivalentes Verhältnis zur Heimatstadt, aus der sie vertrieben wurde, hat auch Barbara Coudenhove-Kalergi, die als Kind und Angehörige der deutschsprachigen Minderheit 1945 aus Prag fliehen muss. *Zuhause ist überall* heißt das Erinnerungsbuch der als ORF-Korrespondentin berühmt gewordenen Autorin, das auf großes Leserinteresse stieß. Coudenhove-Kalergi erzählt darin von den alten Adelsfamilien, aus denen sie stammt, von ihrer unglücklichen japanischen Großmutter Mitsuko und von ihren Onkeln, darunter Richard, der einst mit der Familie Zsolnay befreundete Gründer der Paneuropa-Union.

Es ist ein provinzielles Österreich, in dem sie ein neues Zuhause finden muss. Im Lungau und später im Gymnasium in Salzburg und Gmunden wird sie nicht heimisch, interessanter ist das kulturelle Leben hinter den grauen Nachkriegsfassaden Wiens. Die Studienabbrecherin lernt in Lokalen wie dem Strohkoffer eine junge Künstlergeneration und den Jazz kennen, arbeitet am neu gegründeten Forum Alpbach mit und wird schließlich Reporterin. Sie verliebt sich in den kommunistischen Widerstandskämpfer Franz Marek und erzählt vom Biotop der »Wiener Gänsehäufel-Kommunisten«. Für den ORF berichtet sie von der Wende in Prag, wobei ihr klar wird: »Es gibt kein Zurückkommen. Die Vertreibung war endgültig.«

Der sogenannten zweiten Generation, den Kindern von Widerstandskämpfern und Remigranten, zu denen sie selbst zählt, widmete die Filmemacherin Helene Maimann ihr Buch *Der leuchtende Stern* (2023), womit sie historisches Neuland betrat.

VERBRANNT, VERBANNT, VERGESSEN

Paul von Zsolnay überlebte die Nazi-Herrschaft im Londoner Exil, erhielt nach der Rückkehr 1946 seinen zuvor arisierten Verlag zurück und konnte seine Tätigkeit als Verleger fortsetzen, was alles andere als selbstverständlich war. Die Auswirkungen der Nazi-Herrschaft auf das stark jüdisch geprägte literarische Leben der Zwischenkriegszeit waren nachhaltig katastrophal: Manuskripte wurden nicht fertiggestellt oder gingen auf der Flucht verloren, fertige Bücher fanden keinen Verlag und keine Leser, zahlreiche Autorinnen und Autoren wurden deportiert, ermordet oder in den Suizid getrieben, viele der Geflüchteten konnten im Ausland nicht vom Schreiben leben oder kamen mit den traumatischen Erlebnissen nicht zurecht. Weder die Politik noch die Gesellschaft zeigten sich nach 1945 bereit, Emigranten zur Rückkehr aufzufordern oder den ihnen geraubten Besitz zurückzuerstatten. Nicht zuletzt wollte ein Großteil der Leserschaft nicht an ehedem erfolgreiche und geachtete Autoren erinnert werden, wie das Beispiel von Leo Perutz zeigt.

Heute zählt sein Werk zum fixen Bestandteil des Verlags, der die Weltrechte des in alle großen Sprachen übersetzten Schriftstellers wahrnimmt. Die Pflege des Erbes und der Kampf gegen das Vergessen und Verdrängen wird zu einem wichtigen Ziel von Herbert Ohrlinger nach seiner Bestellung.

So ist Alfred Polgars 1997 wieder aufgelegtes *Handbuch des Kritikers* als Hommage an den Feuilletonisten zu verstehen, aber auch als Verneigung vor einem bedeutenden Autor der Zwischenkriegszeit. Von der Erinnerung an diese Epoche zehrt Wien bis heute – dass viele von ihnen nach 1933 in arge Existenznöte gerieten, dass sie spätestens 1938 fliehen mussten, andernfalls sie deportiert und ermordet worden wären, davon hört man seltener.

Einer, der es nicht schaffte und in Auschwitz ermordet wurde, war der aus großbürgerlichem Haus stammende Kabarettist und Blitzdichter Peter Hammerschlag. 1997 erscheint eine Sammlung seiner Grotesk-gedichte unter dem Titel *Die Wüste ist aus gelbem Mehl*. Friedrich Achleitner, als Mitglied der Wiener Gruppe Teil der literarischen Avantgarde der Nachkriegszeit, steuert ein Nachwort bei, in dem er auf die zu Hammerschlags Zeiten vorhandene Sprachenvielfalt der untergegangenen Monarchie hinweist, aus der sich die Gedichte speisen, und spürt den Katastrophen im realen Leben Hammerschlags nach, die sich in seinen Versen spiegeln.

Die Silhouette eines Mannes mit Hut, den Trenchcoat über den Arm geworfen, in der anderen Hand eine Reisetasche – wie die Illustration auf dem Cover seines im Jahr 2000 erschienenen Buchs sahen wohl die *Wiener Gespenster* aus, die Adolf Placzek darin beschwört. Placzek, der bis zu seiner Flucht vor den Nazis Kunstgeschichte in Wien studiert hatte und der in den USA zum Bibliothekar und Architekturhistoriker wurde, verfasst kurz vor seinem Tod auf Anregung Ohrlingers einen kurzen Roman, in dem es um das schwierige Leben im Exil geht: »Diese Wiener wohnten nicht in Wien, sondern in Manhattan. Sie lebten mit unsicherem Atem und beschlagener Zunge zwischen vorgestern und morgen und bemühten sich ängstlich, in den menschenwogenden Straßen nicht aufzufallen. Das war überflüssige Mühe, denn niemand schenkte ihnen die geringste Beachtung«, beginnt Placzeks Geschichte von Carl und Lisa Weiss, Otto Rubitschik, Herrn Jakobi und Dr. Pollack, die auch nach Jahren in New York Wiener geblieben sind und doch wissen, dass es die Stadt, nach der sie sich verzehren, nicht mehr gibt.

Sie habe durch die Gedichte Theodor Kramers gelernt, »die Schuld meines Vaters am Zerbrechen anderer zu beurteilen, und mein eigenes Zerbrechen an einer anders daherkommenden Diktatur in Grenzen zu halten«, erklärt die spätere Nobelpreisträgerin Herta Müller im Vorwort zu ihrer Auswahl von Gedichten des in der Zwischenkriegszeit äußerst populären Lyrikers, dessen Werk nach dem Zweiten Weltkrieg in Vergessenheit geriet. 1997 übernimmt Zsolnay die Publikationsrechte der vom Nachlassverwalter Erwin Chvojka betreuten Kramer-Bände, darunter die dreibändige Ausgabe der *Gesammelten Gedichte*. Eine Auswahl an Liebesgedichten erscheint 1997 unter dem Titel *Laß still bei dir mich liegen*, 1999 der von Herta Müller herausgegebene Band *Die Wahrheit ist, man hat mir nichts getan.* »Eine angesichts der Tatsachen von Verfolgung und Exil unglaubliche Selbstbeherrschung« kennzeichne Kramers Gedichte, schreibt Müller, die explizit seine Sauf-, Stundenhotel-, Liebes- und Altersgedichte lobt: »Der deutschen Sprache gelingt der Blick ins Hosentürchen ohnehin selten, das Vulgäre, das unverblümt und rasant ins Poetische steigt. Kramer ist es gelungen.«

H. G. Adler, 1910 in Prag geboren, zählt zu den großen Gelehrten des zwanzigsten Jahrhunderts, der seine Erfahrungen in der nationalsozialistischen Vernichtungsmaschinerie in zur Standardliteratur zählenden Werken verarbeitete. Weniger Erfolg hatte Adler als Lyriker und Romancier. Schon zu Beginn seiner Emigration nach London, wohin er nach seiner Rückkehr aus dem Konzentrationslager vor dem einsetzenden stalinistischen Terror in Prag floh, verfasste er 1951 den autobiographischen Roman *Eine Reise,* in dem er die Erfahrung von Deportation und drohender Vernichtung verarbeitet. »Die furchtbarsten Dinge, die Menschen geschehen können, sind hier so dargestellt, als wären sie schwebend und zart und verwindlich. Ich möchte sagen, dass Adler die Hoffnung in der modernen Literatur wieder eingeführt hat«, würdigte Elias Canetti den 1999 neu herausgegebenen Roman. Zum hundertsten Geburtstag Adlers erscheint mit *Panorama* ein weiterer autobiographisch inspirierter Roman, worin zunächst eine behütete Kindheit in Prag und einem böhmischen Dorf geschildert wird; Theresienstadt, Auschwitz und das englische Exil folgen darauf.

»Dann legte sich das steinerne Schweigen der Jahrhunderte über das, was in eine Haut versammelt Franz Blei geheißen hatte«, beendet Franz Blei seine 1930 erstmals erschienene Autobiographie *Erzählung eines Lebens*. In dieser wird deutlich, dass es alles andere als leicht war, das, was der Autor in seinem Leben dargestellt hatte, unter einen Hut, geschweige denn in eine Haut zu bringen. Als »Übersetzer und Bibliophiler, als Feuilletonist und, am wichtigsten vielleicht, als Entdecker

Alfred Polgar, Hertha Pauli, Ernst Lothar

und Vermittler« präsentiert er sich darin, als Förderer oder Entdecker von Autoren wie Rilke, Musil, Hofmannsthal, Wedekind und Kafka. Wien, Zürich, München und Berlin waren die wichtigsten Stationen seines bewegten Lebens, ehe er in die USA emigrieren musste. Dort starb Blei 1942 im Elend, zwölf Jahre nach der von ihm selbst verfassten Beschreibung seines Todes. Zsolnay macht die Autobiographie 2004 wieder zugänglich.

Nach anstrengenden und schier unendlichen Kämpfen erhält 1950 die als Baronesse Ephrussi geborene Elisabeth de Waal das leergeräumte Palais an der Wiener Ringstraße zurück, das sie um die lächerlich niedrige Summe von 30 000 US-Dollar wieder verkaufen muss. Für die Zusage, keine weiteren Ansprüche zu stellen, wird der restliche Teil der Familie mit 5000 US-Dollar abgefunden. Die Verlogenheit der österreichischen Behörden und die Ablehnung, auf die jüdische Überlebende nach 1945 stießen, erlebt Elisabeth, als sie um jedes ihrer Familie gestohlene Stück feilschen muss. Diese Erfahrungen verarbeitet sie in einem Roman, den man unveröffentlicht in ihrem Nachlass findet; 2013 erscheint er in deutscher Übersetzung von Brigitte Hilzensauer und mit einem Nachwort von Sigrid Löffler unter dem Titel *Donnerstags bei Kanakis*.

Während seines Germanistik-Studiums bereiste Herbert Ohrlinger die DDR und entdeckte dort in einem Antiquariat den Roman eines jüdischen deutschsprachigen Prager Schriftstellers, der nach seinem Tod im Londoner Exil vergessen worden war. Ludwig Winder, 1889 in Südmähren geboren, war in Prag Feuilletonredakteur der deutschsprachigen Zeitung *Bohemia*, Autor zahlreicher Romane und Theaterstücke und Mitglied des Prager Kreises um Max Brod. 1939 gelang ihm die Flucht nach England. Kurz zuvor hatte er einen monumentalen Roman vollendet, der im austrofaschistischen Ständestaat sofort verboten wurde: *Der Thronfolger*, die Lebensgeschichte des 1914 in Sarajevo ermordeten Erzherzogs Franz Ferdinand. Wie sein Verfasser wurde der Roman fast völlig vergessen – nur Historiker, die sich für die Persönlichkeit des verhinderten Thronfolgers interessierten, kannten und schätzten Winders Werk wegen der genauen Recherche, die eine geradezu intime Nähe zu Franz Ferdinand vermittelt. Nach 1945 erschien im DDR-Verlag Rütten & Loening eine Ausgabe gleichsam unter Ausschluss der Öffentlichkeit, auf die Ohrlinger aufmerksam wurde. Zum hundertsten Jahrestag der Schüsse von Sarajevo bringt Zsolnay den Roman mit einem glänzenden Nachwort Ulrich Weinzierls heraus und beschert Winder den Erfolg, der ihm zu Lebzeiten verwehrt geblieben ist.

Abenteuerlich ist die Geschichte von Arthur Schnitzlers Nachlass. Einem in Wien lebenden britischen Dissertanten gelang es, den nach der Flucht von Arthur Schnitzlers Sohn Heinrich in Wien verbliebenen Nachlass des Dichters nach dem »Anschluss« unter den Schutz des britischen Konsuls zu stellen und wenig später nach Cambridge zu bringen. In seinem Testament stellte es Schnitzler seinem Sohn frei, Teile des Nachlasses zu publizieren. Darunter befand sich eine 1894 entstandene Novelle, geplant als Fortsetzungsgeschichte in der von Hermann Bahr herausgegebenen Zeitschrift *Die Zeit*. Aus unbekannten Gründen kam die Veröffentlichung des tragikomischen Textes über einen alten Dichter, der von einer Gruppe junger Bohemiens mit großem Trara wiederentdeckt wird, schließlich aber bemerkt, dass die von seinem Werk scheinbar so begeisterten jungen Leute dieses gar nicht kennen, damals nicht zustande. Herausgegeben von Wilhelm Hemecker und

David Österle erscheint die bis dahin unveröffentlichte Novelle unter dem Titel *Später Ruhm* 2014 erstmals bei Zsolnay, was eine hitzige Debatte unter Literaturwissenschaftlern nach sich zieht: Schnitzler-Experten ist der Text nicht neu. Ist die »Wiederentdeckung« nun eine Sensation oder nicht? Fernab des Streits im Elfenbeinturm reagierten Presse und Leserschaft neugierig auf das Buch, das prompt auf Platz 1 in der SWR-Bestenliste landete.

Die Katastrophe des »Anschlusses« hatte vielfältige Auswirkungen. Eine davon entdeckt Ulrich Weinzierl im Nachlass des 1938 über Paris in die USA geflohenen, 1955 in Zürich gestorbenen Alfred Polgar. *Marlene. Bild einer berühmten Zeitgenossin* heißt die 1938 fertiggestellte, 2015 bei Zsolnay erstmals veröffentlichte »große kleine Biografie« des Feuilletonisten. Polgar kannte und verehrte die Dietrich seit ihrem ersten Auftritt in Wien. Als er in den Dreißigern in Not gerät, unterstützt ihn die zum Star avancierte Schauspielerin auf Initiative des Zürcher Journalisten Carl Seelig. 1937 beauftragt sie ihn schließlich, ein Buch über sie zu schreiben. »Das Hintergründige und Tiefgründige solchen Gesichts wiederzugeben vermag kein Photo«, schreibt Polgar, fasziniert von seiner Auftraggeberin und doch verärgert darüber, auf den Job als »Psalmodist einer Diva« angewiesen zu sein. »Der Maler, sofern er ein Genie wäre, könnte es. Der Dichter vielleicht auch. Der Schriftsteller kann nur getreuer Übersetzer des Optischen ins Sprachliche sein. […] Die Grundmelodie, bald leise, bald stärker, aber nie völlig überhörbar aus den Zügen dieses Gesichts tönend, heißt: Verlorenheit, Verlorenheit in der Welt, in der Liebe, im labyrinthischen Schicksals-Plan. Es ist das Gesicht eines Menschen, über den verhängt wurde, das Leben immer ein wenig als Exil zu fühlen. Mag sein, gelegentlich als äußerst vergnügtes Exil. Aber die Heimat ist anderswo.« Im März 1938 ist Polgar fertig. Knapp vor dem »Anschluss« reist er mit dem Manuskript nach Zürich. In Wien hätte das Buch im Frick-Verlag erscheinen sollen, was nicht mehr möglich ist. So bleibt das Manuskript liegen – 75 Jahre lang.

Wunder schaffen wir selbst, »indem wir sie für möglich halten«, schreibt Ernst Lothar, dessen Lebensbilanz ein Beweis für diese These ist. Der 1890 in Brünn geborene Jurist und Autor, der nach dem Ersten Weltkrieg eine Karriere als Staatsanwalt einschlug, zeitgleich als Theaterkritiker der *Neuen Freien Presse* wirkte, erste Romane veröffentlichte und dann Ministerialbeamter wurde, initiierte mit Max Reinhardt und Hugo von Hofmannsthal die Salzburger Festspiele. Angesichts seiner literarischen Erfolge quittierte Lothar den Staatsdienst, wurde Regisseur am Burgtheater und schließlich Direktor des Theaters in der Josefstadt, ehe auch er 1938 vor den Nazis fliehen musste. Obwohl es Lothar in den USA gelang, als Romancier und Dozent Fuß zu fassen, kehrte er als US-Offizier bei der ersten sich bietenden Gelegenheit nach Österreich zurück, wo er sich dem Wiederaufbau der darniederliegenden Theaterlandschaft widmete. Seine Romane wurden verfilmt, in den 1960er Jahren neu herausgegeben – und wieder vergessen – bis die italienische Übersetzung von *Der Engel mit der Posaune* so erfolgreich war, dass sich Zsolnay 2016 zu einer Neuausgabe des ursprünglich auf Englisch verfassten Romans entschloss. Anhand eines alten Stadtpalais, in dem eine Klavierbauerdynastie lebt, erzählt Lothar darin die Geschichte Österreichs. Auf »etwas, das auf den ersten Blick eigentlich vollkommen banal ist«, aber doch das Buch so beeindruckend macht, lenkt Eva Menasse den Blick in ihrem Nachwort – nämlich auf die Tatsache, »dass man die schwersten Brüche der österreichischen Geschichte innerhalb eines einzigen Lebens erzählen kann. Die junge Henriette liebt noch den Kronprinzen und wird als alte Frau von den Nazis umgebracht.«

Auf den *Engel mit der Posaune* folgen 2018 die Neuauflage von Lothars Roman *Die Rückkehr* mit einem Nachwort von Doron Rabinovici, 2020 seine Autobiographie *Das Wunder des Überlebens.* »Diese Memoiren sollten Pflichtlektüre sein für jeden, der sich für die Kulturgeschichte Österreichs interessiert«, schreibt Daniel Kehlmann in seinem Nachwort zum persönlichsten Buch dieses »genialisch kindlichen Menschen«, das voller Lebensweisheit, Wehmut und Erinnerung an das für immer verlorene Österreich steckt, für das Lothar, wie er laut Kehlmann selbst wusste, einen ins Pathologische reichenden Patriotismus empfand. Die vorerst letzte Wiederentdeckung einer vergessenen jüdischen Autorin gelingt Zsolnay im Herbst 2022, als die Erinnerungen Hertha Paulis, *Der Riss der Zeit geht durch mein Herz*, wiederveröffentlicht werden und endlich das Publikum finden, das dieses Buch längst verdient hatte. Pauli schildert darin ihre Flucht aus dem bereits von den Nazis kontrollierten Wien, ihre Begegnungen mit österreichischen Exilanten in Paris, darunter Joseph Roth und Ödön von Horváth, dessen skurriles Begräbnis, die feindselige Haltung des offiziellen Frankreich und vieler seiner Bürger gegenüber den vor den Nazis Geflohenen, ihre Flucht aus Paris über die Pyrenäen nach Portugal, wo sie an Deck der Nea Hellas in die USA entkommen kann.»Was für eine couragierte Frau!«, schreibt Karl-Markus Gauß in seinem Nachwort.

SACHE SACHBUCH

Es waren zunächst nicht die Biographien, die die Renaissance Zsolnays auf dem Sachbuchsektor eingeläutet haben, sondern die scharfe Kritik am Neoliberalismus, die die Französin Viviane Forrester 1997 in *Der Terror der Ökonomie* formulierte. Wie eine Antwort darauf wirkte *Globalisierung. Chance der Zukunft* von Alain Minc, dem späteren Berater des französischen Staatspräsidenten Nicolas Sarkozy. Sachbücher zu Wirtschaftsthemen werden in den Folgejahren vor allem im Imprint Deuticke verlegt. Mit Markus Marterbauer (2007: *Wem gehört der Wohlstand?* sowie 2022: *Angst und Angstmacherei*, gemeinsam mit Martin Schürz) schreibt einer der renommiertesten österreichischen Ökonomen für Zsolnay.

Einen ähnlichen Dialog wie den zwischen Forrester und Minc lässt der Verlag wenig später auf dem Feld der Religion stattfinden. Aus einem ursprünglich im *Corriere della Sera* veröffentlichten Briefwechsel zwischen dem Mailänder Kardinal Carlo Maria Martini, der als papabile galt, und dem agnostischen Semiotiker und Romancier Umberto Eco macht Zsolnay 1998 das Buch *Woran glaubt, wer nicht glaubt?*, auf das ein Jahr später Michaela Schlögls *Woran glaubt, wer glaubt? 16 Gespräche über Gott und die Welt* folgt. »Alle gestifteten Religionen gehen auf extremistische Männer zurück, die der Gang der Dinge nervös machte«, schreibt der 1976 vom kirchlichen Dienst suspendierte Priester Adolf Holl in seinem 2002 erschienenen *Brief an die gottlosen Frauen*. »Wenn Frauen darauf kommen, dass sie ohne Gott ganz gut leben können, dann fallen den Engeln die Flügel ab und den Teufeln die Hörner.« Auf der Suche nach einem fröhlichen Erlöser wird Holl im 1945 entdeckten koptischen Thomas-Evangelium fündig, dessen Variante der christlichen Heilsgeschichte er in *Der lachende Christus* der »kirchenamtlichen Verfestigung des christlichen Erbes« gegenüberstellt.

An der Schnittstelle zwischen Literaturwissenschaft und einem breiteren Publikum ist eine Reihe von Monographien zur österreichischen Literatur angesiedelt, die 1999 mit *Ingeborg Bachmann* von Sigrid Weigel und *Thomas Bernhard* von Alfred Pfabigan beginnt. Ein Jahr später erscheint *Paul Celan. Poetik der Fremdheit* des mit dem Dichter befreundeten französischen Philologen Jean Bollack. Auf die Suche nach Brüchen und Widersprüchen im Werk eines der großen österreichischen Klassiker des 19. Jahrhunderts macht sich Wendelin Schmidt-Dengler in seinem 2001 erschienenen *Nestroy. Die Launen des Glücks*, in dem der Wiener Ordinarius sechs Stücke des Satirikers unter die Lupe nimmt, der für Karl Kraus der Erste war, bei dem »sich die Sprache Gedanken macht über die Dinge«. 2005 veröffentlicht die bulgarische Germanistin Penka Angelova *Elias Canetti. Spuren zum mythischen Denken*, eine Studie zu Canettis *Aufzeichnungen* und zu seinem anthropologischen Hauptwerk *Masse und Macht*.

Der Ära Peymann am Burgtheater setzen die von Hermann Beil, Jutta Ferbers, Claus Peymann und Rita Thiele herausgegebenen Bände

Gerhard Stadelmaier, Hermann Beil, Ulrich Weinzierl, Zsolnay-Jour-fixe, 9. September 2010

Weltkomödie Österreich. 13 Jahre Burgtheater 1986–1999 ein reich bebildertes Denkmal auf vielen hundert Seiten. 2000 erscheint Hermann Beils *Theaternarren leben länger*, eine Sammlung von Skizzen und Anekdoten, die hinter die Kulissen des größten deutschsprachigen Theaters führen.

Was dem deutschsprachigen Theater das Burgtheater, ist der Welt der Festivals Salzburg. Entsprechend aufwendig ist die von Claus Seitz besorgte Gestaltung der zweibändigen, 2001 erschienenen Geschichte der Salzburger Festspiele in der Ära Gérard Mortier / Hans Landesmann. Mortier und Karin Kathrein kümmern sich darin um Schauspiel und Landesmann und Gerhard Rohde um die Konzerte.

»Sie meinen, sie hätten den schönsten Beruf der Welt. Sie wissen, dass es einer der überflüssigsten ist«, schreibt Gerhard Stadelmaier, der legendäre Theaterkritiker der *Frankfurter Allgemeinen Zeitung*, über sich und seine Berufskollegen. In seiner 2010 erschienenen Theatergeschichte *Parkett, Reihe 6, Mitte* erzählt er aus der Perspektive seines bevorzugten Platzes über seine Leidenschaft. 2012 folgen Stadelmaiers *Liebeserklärungen. Große Schauspieler, große Figuren*, in denen er Doppelporträts bedeutender Schauspieler und ihrer besten Rollen verfasst. »Nicht alle großen Schauspielerinnen und Schauspieler können darin aufgenommen werden, aber alle, die aufgenommen sind, sind groß«, heißt es im Klappentext.

Geschichte und Zeitgeschichte spielen eine wichtige Rolle im Programm des Verlags, wie auch die große Zahl an nichtfiktionalen Erzählungen zeigt. Es erscheinen aber auch zahlreiche klassische historische Sachbücher, 1998 etwa *Österreich. Eine tausendjährige Geschichte* des britischen Historikers Gordon Brook-Sheperd, der im Zweiten Weltkrieg als Verbindungsoffizier zu Widerstandskreisen in Mitteleuropa tätig war und nach dem Krieg zunächst als Geheimdienstmitarbeiter und später als Korrespondent des *Daily Telegraph* in Wien lebte. Hélène Carrère d'Encausse, 1999 zur ersten Frau an die Spitze der 365 Jahre zuvor gegründeten Académie française gewählt, ist Autorin der 1998 in deutscher Übersetzung erschienenen Biographie *Nikolaus II. Das Drama des letzten Zaren*. Carrère d'Encausse zeichnet nicht nur eine der dramatischsten Biographien des frühen zwanzigsten Jahrhunderts nach, sondern geht detailliert auch auf die Aufgabe ein, an der Nikolaus genauso gescheitert ist wie die meisten seiner Vorgänger und Nachfolger: aus Russland, diesem »Koloss auf tönernen Füßen«, ein europäisches, rational zu verstehendes Land zu machen.

Zwei wichtige Bücher des aus Glasgow stammenden US-amerikanischen Historikers Gordon A. Craig (1913 bis 2005), eines der besten Erzähler seiner Zunft und profunden Kenner der deutschen Geschichte, erscheinen 1997 und 2001 in überarbeiteten und ergänzten Neuauflagen: zunächst *Königgrätz*, in dem der Historiker nicht nur den wechselvollen Verlauf der Schlacht spannend wie einen Roman erzählt, sondern auch die für Europa und die Welt dramatischen Folgen darlegt, die den Aufstieg Preußens zur Großmacht besiegeln und einen entscheidenden Schritt auf dem Weg in die Katastrophe des Ersten Weltkriegs markieren. 2001 folgt *Krieg, Politik und Diplomatie*. Craig analysiert darin unter anderem die militärische Schwäche Österreichs in der zweiten Hälfte des 19. Jahrhunderts, die er im konfliktreichen Verhältnis zwischen Verwaltung und Militär begründet sieht, und die schwierige Kooperation der k. u. k. und der deutschen Armeen im Ersten Weltkrieg, interessiert sich aber auch für die Diplomatie unter totalitären Regimes und beleuchtet die Schwächen der deutschen Außenpolitik unter der Kanzlerschaft von Konrad Adenauer.

Hundert Jahre nach dem tödlichen Attentat auf Kaiserin Elisabeth von Österreich hat Sisi Hochkonjunktur. Der zufrieden lächelnde Mörder Luigi Lucheni ziert das Cover des Buchs *Ich bereue nichts!* (1998), das seine unter mysteriösen Umständen aus seiner Zelle verschwundenen, lange Zeit verschollenen Tagebücher enthält und diese mit ihrer Zeit und ihren politischen und sozialen Verwerfungen in Bezug setzt. »Die Geschichte eines verstoßenen Kindes am Ende des 19. Jahrhunderts, von ihm selbst erzählt«, nennt Lucheni seine Erinnerungen und erweist sich dabei als erstaunlich klarsichtiger und reflektierter Kopf – der freilich an der Tatsache verzweifelte, »dass nämlich die Gesellschaft, die sich rühmte, die Beschützerin meiner Kindheit gewesen zu sein, sich bei mir schwerer Vergehen schuldig gemacht hat«.

»Wien ist eine Stadt der Musik – nur zu laut darf sie nicht sein. Ruhe am Abend ist den Wienern wichtig, Gesetz und Herkommen wollen das so, und wenn sie jemand stört, rufen sie schnell einmal die Polizei«, schreibt der US-amerikanische Historiker Timothy Snyder, einer der herausragenden Erzähler unter den Historikern der Gegenwart. Ein solcher, durch eine anonyme Lärmbeschwerde hervorgerufener Polizeieinsatz lässt 1945 ein geheimes Netzwerk in Wien auffliegen, in dessen Zentrum einer der interessantesten Erzherzöge der Habsburger steht: Wilhelm von Habsburg, *Der König der Ukraine*, wie ihn Snyder in seiner 2009 erschienenen Biographie nennt. Tatsächlich war eines der Szenarien, auf die der junge Erzherzog vor dem Ersten Weltkrieg vorbereitet worden war, einen ukrainischen Vasallenstaat unter habsburgischer Führung zu errichten. Wilhelm kämpfte für einen unabhängigen, westorientierten ukrainischen Staat und trug dabei nicht nur die österreichische Offiziersuniform, sondern auch ukrainische Volkstrachten, was ihn beim Volk beliebt machte – und zwischendurch gern Frauenkleider. Sein von politischen Wirrungen, persönlichen Eskapaden und Skandalen geprägtes Leben endete 1948 in einem Kerker Stalins.

Bei Themenkomplexen wie Macht und Staat, aber auch hinsichtlich der Rolle der Frau in Familie und Gesellschaft blicken Österreich und Frankreich auf mitunter gegensätzliche Konzepte und Traditionen zurück. Es ist daher eine spannende Konstellation, dass die bekannte französische Philosophin Élisabeth Badinter ausgerechnet der österreichischen Übermutter Maria Theresia eine Biographie widmet. *Maria Theresia. Die Macht der Frau* heißt ihr zum 300. Geburtstag der Monarchin 2017 erschienenes Buch. Sie konzentriert sich darin auf die Wandlung der mit einer kaum bewältigbaren Situation konfrontierten jungen Thronfolgerin hin zur unumstrittenen Herrscherin. 2023 setzt Badinter die Beschäftigung mit der Potentatin in *Macht und Ohnmacht einer Mutter. Kaiserin Maria Theresia und ihre Kinder* fort.

Tür an Tür mit dem Zsolnay Verlag, in einem prachtvollen historistischen Palais mit der Adresse Prinz-Eugen-Straße 28, residierte einst der in Triest geborene Camillo Castiglioni, der als Inbegriff des Kriegs- und später Inflationsgewinnlers galt und als »Finanzjude« verhasst war. Noch zu Zeiten der Monarchie war er ein Pionier der Luftfahrtindustrie, erkannte aber rechtzeitig die kommende militärische Niederlage und parkte sein Vermögen in der Schweiz. Nach dem Krieg wurde er zu einer der wirtschaftlichen Zentralfiguren und zu einem der reichsten Männer Österreichs. Er war als Mäzen Besitzer einer der bedeutendsten Kunstsammlungen Mitteleuropas, finanzierte Max Reinhardts Theater in der Josefstadt und die Salzburger Festspiele, verspekulierte schließlich sein gesamtes Vermögen und überlebte den Zweiten Weltkrieg nur knapp in einem Kloster in Italien. *Der Haifisch. Aufstieg und Fall des Camillo Castiglioni* lautet der Titel der Biographie, die Reinhard Schlüter über eine der widersprüchlichsten Figuren der österreichischen Zwischenkriegszeit verfasst hat.

Die paradoxe Republik. Österreich 1945 bis 2005 des Wiener Ordinarius Oliver Rathkolb, 2005 erstmals erschienen und 2015 aktualisiert, kann als wohl profundeste der vielen Österreich-Erklärungen des beginnenden Jahrtausends und als Ergänzung und Vertiefung der damals erschienenen Essays betrachtet werden. Rathkolb ergründet die österreichische Identität im Spannungsdreieck von Nationalstolz, Solipsismus und europäischem Patriotismus und interessiert sich für ihre Transformation im Zuge der Globalisierung und Europäisierung. Der Historiker analysiert keine Traumata, entzaubert aber politische Mythen der Republik und spürt dem autoritären Potenzial der Republik und anderen Eigenheiten der österreichischen Demokratie nach.

»Der Krieg ist vorüber – und geregelt ist fast nichts«, befindet Matthias Rüb zu Beginn von *Balkan Transit. Das Erbe Jugoslawiens* (1998), in dem es um den Zerfall des Vielvölkerstaates auf dem Balkan geht. Der damalige Korrespondent der F. A. Z. für Mittel- und Südosteuropa porträtiert mit viel Sach- und Ortskenntnis die einzelnen Nachfolgestaaten und die Brennpunkte der künftigen Entwicklungen, die innerhalb der jungen Staaten und in ihren wechselseitigen Beziehungen drohen.

Heute noch aktuell ist etwa das Porträt des Kosovo, damals noch Teil Serbiens, und des fragilen, auf Angst und Repression beruhenden Gleichgewichts, das jederzeit zu kippen droht – was kurz nach Erscheinen des Buches auch eintritt. Seine Erkenntnisse aus seiner Zeit als politischer Korrespondent in Washington verarbeitet Rüb in zwei Büchern: In *Der atlantische Graben. Amerika und Europa auf getrennten Wegen* (2004) konstatiert er bereits lange vor Trump die zunehmende Entfremdung zwischen den USA und Europa. Eckdaten sind für Rüb der Fall der Berliner Mauer 1989 und das Attentat auf das World Trade Center 2001. Während Europa – trotz der Balkankriege – zusammenwuchs, bauten die USA ihre *hard power* aus, um in einer plötzlich nicht mehr bipolaren Welt die Rolle des globalen Hegemons zu übernehmen. In *Gott regiert Amerika* (2008) geht er auf die besondere Rolle der Religion in der US-amerikanischen Politik ein. An die sechzig Prozent der Amerikaner legen Wert darauf, dass ihr Präsident an Gott glaubt. Das religiöse Leben in den USA porträtiert Rüb als äußerst reichhaltig, besonders bedeutsam ist der Zulauf, der die evangelikalen Freikirchen

Élisabeth Badinter, Isolde Charim, Lisz Hirn

und ihre oft fundamentalistischen Prediger zu einem bedeutenden Faktor in der Gesellschaft macht.

Das erste Loch bekam der Eiserne Vorhang in Ungarn. Der in Budapest geborene Historiker und langjährige Korrespondent der Neuen Zürcher Zeitung, Andreas Oplatka, analysiert in *Der erste Riss in der Mauer. September 1989 – Ungarn öffnet die Grenze* die Hintergründe und Vorgeschichte der Grenzöffnung zwischen Ungarn und Österreich, die letztlich die Berliner Mauer zum Einsturz bringen und den Warschauer Pakt obsolet machen sollte.

Oliver Jens Schmitt, Professor für südosteuropäische Geschichte an der Universität Wien, widmet sich in *Căpitan Codreanu. Aufstieg und Fall des rumänischen Faschistenführers* (2016) einer hierzulande weniger bekannten Figur, die er nach Hitler und Mussolini als dritten einer Reihe charismatischer Faschisten beschreibt. Er zeichnet den Werdegang des 1938 Erschossenen nach, dessen Kult heute wieder aufzuflackern droht, und erklärt die Anziehungskraft, die der zu extremer Gewalttätigkeit und exzessivem Mystizismus neigende Faschist auf Intellektuelle wie Mircea Eliade und Emil Cioran ausübte.

Für *Wir wissen nicht mehr, wer wir sind* (2017) macht sich Cyrill Stieger auf den Weg zu den Minderheiten des Balkans zwischen Istrien und Bulgarien. Wir erfahren darin von kaum bekannten Völkern und Gemeinschaften wie den Uskoken, Istrorumänen, Torbeschen, Goranern oder Pomaken. Deren »Lage wird sich erst dann grundlegend ändern, wenn die Politiker endlich aufhören, sie entsprechend ihren eigenen politischen Vorstellungen und Interessen in enge nationale Raster zu pressen«, ist der langjährige *NZZ*-Balkankorrespondent überzeugt, und wenn die Politik bereit ist, die vergessenen Minderheiten »trotz der schillernden Identitäten und widersprüchlichen Eigenbezeichnungen als vollwertige und gleichberechtigte Mitglieder der Gesellschaft zu akzeptieren«.

In die mitteleuropäische Vergangenheit führen Peter Demetz' Essays *Böhmen böhmisch* (2006). Er beschreibt darin die Geschichte der deutsch-tschechischen Spannungen in Böhmen und setzt sich kritisch mit den Beneš-Dekreten auseinander, aber auch mit Walter Benjamin, mit Rilke und mit der Frage der Nation. In *Diktatoren im Kino* (2019) zeigt Demetz die unterschiedlichen Zugänge und Vorlieben von Lenin, Mussolini, Hitler, Goebbels und Stalin zum Medium Film.

Gibt es heute überhaupt noch so etwas wie Gesellschaft? In *Ich und die anderen. Wie die neue Pluralisierung uns alle verändert* geht die Wiener Philosophin Isolde Charim auch dieser Frage nach. »Die Vorstellung einer homogenen Gesellschaft mag immer eine Fiktion gewesen sein. Aber es war eine Fiktion, die funktioniert hat«, so Charim. Damit sei es nun vorbei. 2022 erscheint Charims *Die Qualen des Narzissmus. Über freiwillige Unterwerfung*. Darin zeigt sie, wie die ständige Perfektionierung des eigenen Ichs vom antigesellschaftlichen Prinzip zur gesellschaftlichen Forderung wurde.

Vom Nachdenken über die Gesellschaft zu der Frage, ob bzw. unter welchen Voraussetzungen es für die Menschheit überhaupt eine Zukunft auf diesem Planeten gibt, führt das Buch *Ändert sich nichts, ändert sich alles. Warum wir jetzt für unseren Planeten kämpfen müssen* (2021). Die Biologin Katharina Rogenhofer, die die aktivistische Bewegung *Fridays for Future* in Österreich etablierte, erklärt darin (mit ihrem Co-Autor Florian Schlederer) die planetare Dimension der Klimakrise und den »Green Deal«. Mit ihrem Aufruf, sich zu engagieren, führt Rogenhofer an die Anfänge des Sachbuchs im neuen Zsolnay Verlag mit Viviane Forrester zurück: Diese zählte zu den Gründerinnen der globalisierungskritischen NGO Attac im Jahr 1998.

2004, nach der Übernahme des Deuticke Verlags durch Zsolnay, sind es vor allem die im nunmehrigen Imprint erschienenen Sachbücher, die den aktivistischen Geist Forresters weiterführen. Deutlich zeigen das die »Schwarzbücher« zu Wirtschaftsthemen. Der Publizist, Clown und Grünen-Politiker Klaus Werner-Lobo, von *Spiegel Online* zu den »Stars der alternativen Globalisierung« gezählt, hatte schon 2003 mit Hans Weiss das *Schwarzbuch Markenfirmen* veröffentlicht. Gemeinsam mit dem Journalisten Thomas Seifert schreibt er 2005 *Schwarzbuch Öl. Eine Geschichte von Gier, Krieg, Macht und Geld*, in dem sie Erdöl als »schmutziges Schmiermittel der Weltwirtschaft« bezeichnen. *Katzen würden Mäuse kaufen. Schwarzbuch Tierfutter* lautet 2007 der Titel des ehemaligen *Spiegel*-Redakteurs Hans-Ulrich Grimm. Er berichtet darin über die fragwürdigen Praktiken der Tierfuttermittelindustrie. Der Konzern Masterfoods, Tierfutterproduzent unter anderen der Marken Whiskas, Sheba, Frolic und Chappi, reagierte umgehend mit einer Klage.

Weitere Titel zwischen 2005 und 2014 heißen *Schwarzbuch Straße, Weißbuch Frauen / Schwarzbuch Männer, Schwarzbuch Landwirtschaft, Schwarzbuch Gold, Schwarzbuch Baumwolle, Schwarzbuch ÖBB*. Zu den Autorinnen und Autoren gehören Sibylle Hamann, Eva Linsinger, Thomas Seifert, Brigitte Reisenberger und immer wieder Hans Weiss, der auch die Bücher *Schönheit. Die Versprechen der Beauty-Industrie* und *Tatort Kinderheim* veröffentlicht. Eine Neuauflage des *Schwarzbuchs Markenfirmen. Die Welt im Griff der Konzerne* schließt die Reihe 2014 ab, zu der noch Johann G. Zallers *Unser täglich Gift* (2018) über Chemikalien in der Landwirtschaft gezählt werden kann.

Ein regelmäßiger Deuticke-Autor ist der Mitbegründer des österreichischen Ablegers der globalisierungskritischen NGO Attac, Christian Felber, der 2006 *Das kritische EU-Buch* herausgibt. Er selbst, Markus Marterbauer, Corinna Milborn und andere zeigen auf Themen wie das der »Festung Europa«, den Steuerwettlauf, die Auswüchse der Liberalisierung, die Verfehlungen der EU-Agrarpolitik, die Transit-Problematik und die Atompolitik.

Im selben Jahr veröffentlicht Felber *50 Vorschläge für eine gerechtere Welt*. Er will darin den Vorwurf entkräften, Globalisierungsgegner kritisierten lautstark, würden aber keine konstruktiven Vorschläge unterbreiten. Eine ähnliche Tonart schlägt Felber in weiteren Büchern an: *Neue Werte für die Wirtschaft. Eine Alternative zu Kommunismus und Kapitalismus* (2008), *Kooperation statt Konkurrenz. 10 Schritte aus der Krise* (2009), *Gemeinwohl-Ökonomie. Das Wirtschaftsmodell der Zukunft* (2010). Bis zur Einstellung von Deuticke im Jahr 2019 folgen noch vier weitere Bücher.

Brisante Themen und gesellschaftspolitisches Engagement kennzeichnen auch die Sachbücher von Thomas Schmidinger und Dunja Larise (*Zwischen Gottesstaat und Demokratie. Handbuch des politischen Islam*, 2008), Martin Schenk (*Es reicht! Für alle! Wege aus der Armut*, 2010, mit Michaela Moser, sowie *Die Integrationslüge. Antworten in einer hysterisch geführten Auseinandersetzung*, 2012, mit Eva Maria Bachinger), Thomas Seifert (*Die pazifische Epoche. Wie Europa gegen die neue Weltmacht Asien bestehen kann*, 2015), Klaus Werner-Lobo (*Nach der Empörung*, 2016) und Simon Hadler (*Wirklich wahr! Die Welt zwischen Fakt und Fake*, 2017).

REIHEN

Philosophicum Lech

1997 fand erstmalig eine Veranstaltung statt, von der Michael Köhlmeier und der damalige Lecher Bürgermeister Ludwig Muxel seit Jahren geträumt hatten: Tage der Philosophie im als Nobel-Skiort bekannten Vorarlberger Bergdorf Lech. »Philosophie und Berge, die haben sich schon immer gut vertragen. Denk an Nietzsche!«, soll Michael Köhlmeier zu Muxel gesagt haben. Was es noch brauchte, war ein Philosoph, dem man die Angelegenheit anvertrauen konnte. Von Nietzsche ist der Weg nicht weit zu Konrad Paul Liessmann, der fortan als wissenschaftlicher Leiter fungierte. Sein Plan war es, die Veranstaltung für ein breites Publikum auszulegen und die Ergebnisse zu verschriftlichen. Der zu diesem Zeitpunkt neu übernommene Zsolnay Verlag kam da gerade

Michael Köhlmeier und Konrad Paul Liessmann, Zsolnay-Jour-fixe, 31. März 2004

recht, zumal sich Liessmann und Ohrlinger schon länger kannten und schätzten.

Seit 1997 findet das Philosophicum (mit der Ausnahme des Pandemie-Jahres) ohne Unterbrechung im Herbst statt, es hat sich mittlerweile zum Event entwickelt, an dem bis zu siebenhundert Besucher teilnehmen. Die Vorträge erscheinen jeweils im Frühjahr darauf bei Zsolnay. Die Kombination aus Tagung und Buch ist nach wie vor einzigartig, genauso wie die Kombination aus wissenschaftlichem Anspruch und Zugänglichkeit für das Publikum.

Und woher stammen die Ideen für die Themen? »Das Prinzip war von Anfang an, dass wir zentrale Fragen, die in der Philosophie seit der Antike eine Rolle spielen, mit aktuellen Entwicklungen verbinden«, erklärt Liessmann. »Die Fragen, die in der Philosophie verhandelt werden, sind unsere Fragen. Wir schlagen eine Brücke zum philosophischen Fachdiskurs, etwa über das Böse, die Macht, die Moral, den Krieg, die Emotionen, die Religion oder den Staat, und verbinden das mit der Frage, wie diese alten Probleme unter den gegenwärtigen Bedingungen erscheinen.«

25 Bände mit den gesammelten Vorträgen sind bisher erschienen. 2023 ging es um die Dialektik der Hoffnung. Liessmann: »Das ist eine zentrale Kategorie der Philosophie. Gleichzeitig leben wir in einer krisenbehafteten Zeit. Die Frage ist, wie geht es weiter, wie schwanken wir hier zwischen apokalyptischen Ängsten und euphorischen Erwartungen. Die alte Kant'sche Frage ›Was dürfen wir hoffen?‹ gewinnt unter diesen Bedingungen eine völlig neue Bedeutung.«

profile. Magazin des Österreichischen Literaturarchivs

»So schön gemacht wie Bilderbücher« findet sie die Literaturkritikerin Daniela Strigl, und das ist keineswegs abwertend gemeint: Die *profile*, eine seit 1998 zunächst halbjährlich, später jährlich erscheinende Reihe, die Zsolnay in Zusammenarbeit mit dem Österreichischen Literaturarchiv herausgibt, vermitteln Literaturwissenschaft auf besonders anschauliche Weise. Ähnlich den Katalogen des Deutschen Literaturarchivs Marbach sind sie mit Faksimiles, Fotos, oft auch ausklapp- oder faltbaren Karten ausgestattet. Einzelne Ausgaben sind Autorinnen oder Autoren gewidmet oder einem speziellen Thema. Mit dem 1998 erschienenen ersten Band, *Der literarische Einfall*, zeigen die Herausgeber Bernhard Fetz und Klaus Kastberger, dass Ideen durchaus handfest, angreif- und abbildbar sein können. Etwa die liebevoll gezeichneten Figuren, die bei Fritz von Herzmanovsky-Orlando dem Schreiben vorausgehen, oder ein ausfaltbarer Plan der detailreichen Skizzen, die Heimito von Doderer vor dem Schreiben seiner Romane anfertigt. Manuskripte Ingeborg Bachmanns, die sich von einer Stufe zur nächsten stark verändern und die voller Tippfehler und handschriftlicher Notizen sind, oder auch das von Bodo Hell aufgenommene Panoramafoto von Friederike Mayröckers Wohnzimmer machen deutlich, was es heißt, »über das Entstehen von Texten« – so der Untertitel des Bandes – nachzuforschen. Germanistische Aufsätze in den *profilen* sind selten länger als zehn Seiten und so formuliert, dass sie auch für eine interessierte Leserschaft zugänglich sind. Dreißig *profile* gibt es bis jetzt, darunter Bände zu Otto Basil, Peter Handke, Ödön von Horváth, Stefan Zweig und Ingeborg Bachmann, zur Handschrift – aufgrund der vielen Faksimiles besonders bildreich –, zur Wiener Avantgarde und zum komplexen Verhältnis von Schreiben und Rausch.

Für die mehrfache *profile*-Autorin und -Herausgeberin Daniela Strigl ist die Reihe ein Musterbeispiel dafür, wie »Literaturwissenschaft und Literatur auf eine ansprechende Weise vermählt werden«. Einziger

Wermutstropfen: Die dadurch eröffnete Chance, einen Blick in die Werkstätten und Schreibtischladen maßgeblicher Autorinnen und Autoren zu werfen, werde zu selten wahrgenommen.

THEATER, KINO UND MUSIK

Neben Philosophie und Literaturwissenschaft versuchte der Verlag auch in anderen Sparten, Verbindungsglied zwischen der Fachwelt und dem breiten Publikum zu sein, etwa durch eine Kooperation mit dem Herbert von Karajan Centrum (*Über die Eleganz der Meisterschaft*, 2001) oder die Bände der edition burgtheater (Klaus Dermutz: *Tragikomiker*, 2007, *Next Generation*, 2009) sowie die Reihe Zsolnay Kino, in der u. a. Bände zu Peter Lorre (*Ein Fremder im Paradies*, 2004) oder zur heroischen Zeit des frühen Kinos erschienen (Klaus Kreimeier: *Traum und Exzess. Die Kulturgeschichte des frühen Kinos*, 2011). Diese Reihen wurden jedoch nach und nach eingestellt.

2017 flackert die Zuneigung des Zsolnay Verlags zum Kino neuerlich auf: Da erscheint das Drehbuch von Michael Hanekes bisher letztem Film, *Happy End* (2017), in den Hauptrollen besetzt mit Isabelle Huppert und Jean-Louis Trintignant. In seinem Nachwort schreibt Ferdinand von Schirach, er habe nach zehnjähriger Laufbahn als Strafverteidiger erst durch Hanekes Film *Caché* »zum ersten Mal ganz verstanden, was Schuld eigentlich ist«. Die Filme des österreichischen Oscar-Preisträgers vergleicht er mit Haikus: »Sie sagen genau das, was sie sagen wollen, nichts anderes.«

DIE MITTE EUROPAS UND
DER REST DER WELT

Mehr als sechzig Prozent aller literarischen Übersetzungen weltweit stammen aus dem Englischen, etwa dreißig Prozent machen Übersetzungen aus dem Französischen, Spanischen, Deutschen und Italienischen aus. Den Rest teilen sich Bücher aus allen übrigen Sprachen.

Bei Zsolnay schauen die Gewichtungen anders aus. Natürlich werden Bücher auch aus dem Englischen bzw. aus dem englischsprachigen Raum übersetzt. Bereits in den 1920er Jahren gelang es Zsolnay, international bedeutende Autoren wie die Nobelpreisträger John Galsworthy, Sinclair Lewis oder Pearl S. Buck für den Verlag zu gewinnen. Auch in den Jahren nach 1996 spielt aus dem Englischen übersetzte Literatur eine nicht zu unterschätzende Rolle, man denke an Edmund de Waals stilbildendes Werk *Der Hase mit den Bernsteinaugen*.

Regelmäßiger erscheinen Übersetzungen aus dem Französischen oder Italienischen, diese Sprachen haben im Verlag eine lange Tradition – der französische Literaturnobelpreisträger von 1937, Roger Martin du Gard, wurde von Zsolnay verlegt, auch die berühmte Colette. Heute kommt die Mehrheit der Übersetzungen aus Südost- und Mitteleuropa.

Das erste Programm von 1996 untermauert Zsolnays mitteleuropäische Ambition mit der Neuausgabe von *Wesire und Konsuln* des jugoslawischen Nobelpreisträgers Ivo Andrić. Er schildert darin das Aufeinanderprallen von Orient und Okzident in der ehemaligen osmanischen Provinz, in der er selbst 1892 geboren wurde. Die deutschsprachigen Rechte werden in der Folge von Zsolnay übernommen. 2003 erscheint ein Band mit von Karl-Markus Gauß ausgewählten Erzählungen Andrićs unter dem Titel *Die verschlossene Tür*. Für Gauß erweist sich der Nobelpreisträger in diesen Erzählungen als »Diagnostiker des modernen Lebens«, der auf geradezu klassische Weise »von Illusion und Scheitern, Größe und Kleinmut seiner Protagonisten erzählt«. Gauß verweist auch auf die Versuche der Vereinnahmung des Nobelpreisträgers durch die Nachfolgestaaten Jugoslawiens: »Keiner hat das Recht zu sagen: Er war unser. Aber alle, die dem Wahn widerstehen, ausgerechnet auf dem Balkan ethnisch purifizierte Regionen zu schaffen, können sich auf ihn berufen.«

Auch für Andrićs berühmtestes Buch, *Die Brücke über die Drina*, das 2015 in einer überarbeiteten Übersetzung von Katharina Wolf-Grießhaber herauskommt, liefert Karl-Markus Gauß das Nachwort, in dem er nicht nur Leben und Werk des Autors erläutert, sondern wertvolle Anregungen zur Lektüre des Buches gibt, das der Autor nicht mit der Gattungsbezeichnung Roman versehen, sondern als »Chronik« bezeichnet hat: »Wer ›Die Brücke‹ als Roman zu lesen beginnt, dem wird bald etwas fehlen: die Hauptfigur, der Protagonist, die Heldin; oder das Ensemble von Gestalten, die in Ablehnung wie Zuneigung aufeinander bezogen sind und deren Charaktere sich in dieser Auseinandersetzung schärfen und entwickeln.« Der »wahre Held« des Buches ist vielmehr die Brücke. 2020 stellt Andrić-Biograph Michael Martens unter dem Titel *Insomnia* eine Auswahl von Notizen und Miniaturen des Autors zusammen, die dieser in schlaflosen Nächten notierte. »Meine Kraft verbrauche ich, und die Jugend habe ich verloren, aber Frieden habe ich nie gekannt vor lauter Liebe und Sehnsucht nach der Welt.« 2023 erscheint mit dem Roman *Das Fräulein* der dritte Teil seiner sogenannten Bosnischen Trilogie, zu der Michael Martens ein Nachwort über Geiz und Ehrgeiz in Leben und Werk des Autors beisteuert.

Neben Claudio Magris' *Donau* (1996) spielen noch weitere Autoren aus Triest und seinem Umland wichtige Rollen. Etwa der aus dem einst italienisch geprägten Istrien stammende Fulvio Tomizza, dessen kurzer Roman *Die fünfte Jahreszeit* von einer Kindheit am Ende des Zweiten Weltkriegs erzählt, als die italienisch-slawische Koexistenz im einst habsburgischen Küstenland unaufhaltsam ihrem Ende entgegengeht. 2001 folgt Tomizzas *Franziska* – die Geschichte einer zum Scheitern verurteilten Liebe zwischen einem Mädchen aus dem slowenischen Karst und einem italienischen Offizier ist ein Abgesang auf das habs-

Ivo Andrić, Claudio Magris, Eginald Schlattner, Drago Jančar, Ivana Bodrožić, Liliana Corobca (von oben links)

burgische Triest, wo »Griechen und Türken, Italiener und Slowenen, Serben und Kroaten, Deutsche und Juden« einander zu Silvester 1899 in den Armen liegen, während Franziskas Mutter in den Wehen stirbt und sich das Unheil über Europa zusammenbraut. Die Aufzeichnungen von Italo Svevos Bruder Elio Schmitz erscheinen 1999 unter dem Titel *Meine alte, unglückliche Familie Schmitz,* im selben Jahr wie Umberto Sabas Erinnerungen an das untergegangene jüdische Triest, *Der Dichter, der Hund und das Huhn.* Über ihre Kindheit am Ende der italienisch-slawischen Koexistenz erzählt auch die in Rijeka geborene Ehefrau von Claudio Magris, Marisa Madieri, in *Wassergrün.*

Die Geschichte der Tschechoslowakei von der Zeit der Nazidiktatur bis zur Niederschlagung des Prager Frühlings lässt der 1931 in Prag geborene, von den Kommunisten mit Publikationsverbot belegte Ivan Klíma in seinem Prag-Roman *Richter in eigener Sache* (1997) Revue passieren. *Liebesgespräche* heißt sein 2002 veröffentlichter Erzählband, auch in diese Erzählungen von Liebe, Sehnsucht und Missverständnissen mischen sich immer wieder die Erfahrungen von Holocaust, dem niedergeschlagenen Prager Frühling und der Emigration. Ein tschechischer Dissident ist auch der nach Wien ausgewanderte Ivan Binar, dessen 1988 im Original, 1997 auf Deutsch erschienener Roman *Die Kunstkitterei* viel mit dem Leben des Autors zu tun hat.

Herbert Ohrlinger kann sich noch an das »für einen Protestanten erstaunlich barocke Anschreiben« zu einem besonders dicken Stapel Papier erinnern, den ihm der ehemalige österreichische Handelsdelegierte in Rumänien in die Hand gedrückt hat. Der Papierstapel war das Romanmanuskript eines evangelischen Pfarrers aus Siebenbürgen, das dieser bereits mehreren deutschen Verlagen ohne Erfolg angeboten hatte. Diesmal passte es: *Der geköpfte Hahn* heißt der 1998 veröffentlichte Roman. Eginald Schlattner setzt in seiner Siebenbürger Trilogie, zu der die Bände *Rote Handschuhe* (2001) und *Das Klavier im Nebel* (2005) zählen, der deutsch, rumänisch, ungarisch, armenisch und jüdisch geprägten Kultur seiner Heimat ein lebenspralles Denkmal, bei dem er jedoch weitgehend auf nostalgisch getöntes Licht verzichtet. In *Der geköpfte Hahn* richtet der 65-jährige Debütant einen Scheinwerfer auf die für den multikulturellen Kosmos Siebenbürgens letztlich tödliche Faszination seiner deutschsprachigen Bewohner für den Nationalsozialismus und leuchtet aus, wie kräftig viele Siebenbürger Sachsen am Untergang ihrer eigenen Kultur mitgearbeitet haben.

Der mittlerweile als bedeutendster slowenischer Romancier geltende Drago Jančar verwebt in seinem 1999 erschienenen Roman *Rauschen im Kopf* die Geschichte eines Gefängnisaufstands mit der Erzählung der letzten jüdischen Widerstandskämpfer gegen die Römer in Masada. Jančar, der selbst ein Jahr in jugoslawischer Haft verbracht hat, erweist sich in seinen Schilderungen als präziser Beobachter. 2020 wird er mit dem Österreichischen Staatspreis für Europäische Literatur ausgezeichnet, im selben Jahr kommt sein Roman *Wenn die Liebe ruht* heraus. »Das Böse hört nicht einfach so auf, es wütet noch lange«, heißt es darin. Keiner der Protagonisten kann sich dem Strudel aus Schuld entziehen, der sich auftut, als die SS im besetzten Marburg Quartier bezieht und die Menschen dazu zwingt, eine Seite zu wählen. Dass die Rache der Partisanen nicht einfach ein Sieg des Guten über das Böse ist, zeigt der Roman unmissverständlich. Und doch feiert der Vater Danijels, aus dessen Perspektive Jančars jüngster Roman, *Als die Welt entstand* (2023), erzählt ist, im Maribor der zu Ende gehenden fünfziger Jahre ständig den Sieg der Kommunisten über Nazideutschland. Die Mutter schickt Danijel zu Pater Aloisius in den Religionsunterricht. So erlebt das Kind die Gräben und Widersprüche, die sich durch die slowenische Gesellschaft der Nachkriegszeit ziehen.

Als fast blinder Fleck auf der literarischen Landkarte Europas gilt Albanien, das sich heute als »Karibik der Adria« touristisch zu positionieren versucht. Ein völlig anderes Bild des Landes vermittelt die in Albanien geborene, heute in Paris lebende Ornela Vorpsi in ihren fiktionalisierten, auf Italienisch verfassten Kindheitserinnerungen: »Aus Staub und Schlamm besteht dieses Land, und die Sonne brennt derart, dass die Blätter der Weinstöcke rostig werden und die Vernunft dahinschmilzt.« In ihrem von Karin Krieger ins Deutsche übersetzten Roman *Das ewige Leben der Albaner* schreibt sie über ein Aufwachsen in den achtziger Jahren mit Mutter und Großmutter, während der Vater im Arbeitslager interniert ist. 2010 erscheint Vorpsis *Die Hand, die man nicht beißt*. Die mittlerweile nach Paris übersiedelte Erzählerin reist darin zurück nach Albanien, um einem am Weltschmerz erkrankten Freund beizustehen.

Kindheitserinnerungen wie aus einer anderen Welt hat auch die junge kroatische Erzählerin Ivana Bodrožić in *Hotel Nirgendwo* zu einem Roman gemacht: Sie erzählt darin vom Heranwachsen eines jungen Mädchens aus Vukovar, das zunächst aufgeregt ist, weil es erstmals

Herbert Ohrlinger, Mircea Cărtărescu und Ernest Wichner vor dem Buddenbrookhaus in Lübeck, 17. November 2018

ohne die Eltern ans Meer fahren wird. Aus dem vermeintlichen Abenteuerurlaub wird eine lange Flucht vor den Schrecken des Krieges, in dem der Erzählerin zwei Zaubersätze Hoffnung geben, wenn sie auch nie laut ausgesprochen werden. Sie lauten »Papa ist am Leben« und »Wir haben eine Wohnung bekommen«.

Rumänien ist im deutschsprachigen Raum nur wenig besser bekannt als Albanien, und es klingt zunächst nach einem großen Wagnis, ein aus drei Romanen bestehendes Monumentalwerk zu verlegen, dessen Hintergrund die Geschichte Rumäniens im zwanzigsten Jahrhundert bildet. Nun ist der Autor der sogenannten *Orbitor*-Trilogie niemand Geringerer als der als Nobelpreiskandidat gehandelte Mircea Cărtărescu. Herbert Ohrlinger geht das Risiko ein. *Die Wissenden* heißt der erste, in einer Übersetzung von Gerhardt Csejka 2007 bei Zsolnay erschienene Band. 2011 und 2014 folgen die weiteren Teile *Der Körper* und *Die Flügel*.

14 Jahre lang hat Cărtărescu an der *Orbitor*-Trilogie gearbeitet – gleichzeitig mit dem ersten auf Deutsch übersetzten Band erscheint der letzte auf Rumänisch. Sein Werk sei der Versuch, so der 1956 geborene Schriftsteller, eine Synthese all dessen zu schreiben, was er in seinem

Leben kennengelernt habe. Im Roman vergleicht der Erzähler sein Vorgehen mit dem Blick, den ein Archäologe auf eine Nautilusschnecke wirft, die »jeweils die Kammer, in die sie nicht mehr hineinpasst, vermauert und eine größere bezieht auf der Perlmuttspirale, die ihr Leben summiert. […] Denn wer über alte Dinge schreibt, beschreibt nicht die Vergangenheit, sondern den Dunstschleier zwischen sich und ihr; die Art und Weise, wie mein heutiges Hirn meine früheren Hirne in den immer kleineren Schädeln aus Knochen, Knorpeln, Häutchen umfängt; die Spannung und das Missverständnis zwischen meinem Verstand jetzt und dem vor einem Augenblick und jenem vor zehn Jahren; ihre Interaktion, die Durchmischung ihrer Bilderwelt und Gefühlswerte. Wie viel Nekrophilie doch der Erinnerung innewohnt!«

In den folgenden Jahren erscheinen Cărtărescus Erzählbände *Die schönen Fremden* (2015) und *Melancolia* (2022) sowie das Epos *Solenoid* (2019).

Aus purer Not zu einem Landsmann Cărtărescus wurde im Jahr 1926 der ehemalige ungarische Außenminister Miklós Bánffy, der die Staatsbürgerschaft wechseln musste, um den Familienbesitz nicht zu verlieren. Dieser lag ab 1919 durch den Vertrag von Trianon nicht mehr im klein gewordenen Ungarn, sondern im jetzt rumänischen Siebenbürgen. Auch Bánffy veröffentlichte eine große Romantrilogie, deren erster Band 1934 erschien und in der Bánffy das Jahrzehnt vor dem für das Königreich Ungarn letztlich fatalen Jahr 1914 als Zeit beschreibt, in der eine verantwortungslose Kaste von hedonistischen Aristokraten, der er selbst angehörte, alle Warnungen vor der heranbrechenden Katastrophe in den Wind schlug. Sein 1700-seitiges Porträt dieses sorglosen Vorkriegsungarn war ein großer Erfolg, wurde aber nach 1945 verboten, Bánffy starb verarmt. Die Neuauflage von 1982 kann als erstes Zeichen des Bröckelns des Eisernen Vorhangs interpretiert werden, schreibt Andreas Oplatka im kundigen Nachwort des ersten Bandes dieser magyarischen Welt von gestern, die 2012, 2013 und 2015 unter den Titeln *Die Schrift in Flammen*, *Verschwundene Schätze* und *In Stücke gerissen* erstmals auf Deutsch erscheint.

Ein weiterer rumänischer Autor wird 2013 von Zsolnay für das deutschsprachige Lesepublikum entdeckt: Varujan Vosganians von Ernest Wichner übersetzter Roman *Buch des Flüsterns* passt nicht nur aus geographischen Gründen ins Programm des Verlags. Zwar beginnt er in einem rumänischen Dorf, entwickelt sich aber zum Epos über den Völkermord an den Armeniern 1915, dem bereits Franz Werfel 1933 in *Die vierzig Tage des Musa Dagh* ein erstes, bei Zsolnay erschienenes literarisches Denkmal gesetzt hat. 2016 folgt Vosganians *Das Spiel der hundert Blätter*, ein Roman über die Zeit der Wende in Rumänien, 2018 der Erzählungsband *Als die Welt ganz war*.

Im selben Jahr erscheint ein rumänischer Klassiker der Weltliteratur in der Übersetzung von Georg Aescht: Liviu Rebreanus 1922 erstmals publizierter Roman *Wald der Gehenkten*, der von einem wenig beachteten Nebenaspekt des Ersten Weltkriegs aus österreichisch-ungarischer Sicht erzählt: den unzähligen willkürlichen Exekutionen von vermeintlichen Spionen oder Deserteuren, denen auch der Bruder des Autors zum Opfer fiel. Ernest Wichner ordnet den Roman in seinem Nachwort unter die »wichtigsten europäischen Erzählwerke ein, die der Große Krieg ausgelöst hatte«.

Eine weibliche Erzählstimme aus Rumänien ist die von Ioana Pârvulescu, die in Bukarest Literatur lehrt und als Übersetzerin tätig ist. 2021 erscheint die deutsche Fassung ihres Romans *Wo die Hunde in drei Sprachen bellen*, in dem sie von den Bewohnern eines Hauses im siebenbürgischen Kronstadt und gleichzeitig von der Geschichte dieses so wild umstrittenen Landstrichs erzählt.

Die Republik Moldau grenzt an Rumänien und damit an die Europäische Union. Hunderttausende überqueren diese Grenze, um zumeist als Altenpflegerinnen oder Arbeiter im Westen ihr Brot zu verdienen und damit ihren Kindern eine bessere Gegenwart und Zukunft zu ermöglichen. Diese bleiben entweder allein oder mit den Großeltern in den Dörfern zurück. Die in Bukarest lebende, in Moldawien geborene Liliana Corobca widmet den verlassenen Kindern Moldaus ihren Roman *Der erste Horizont meines Lebens* (im Original: *Kinderland*), dessen zwölfjährige Protagonistin Cristina ihren Geschwistern die Eltern ersetzen muss. »Mit zwölf Jahren sind die Kinder sehr große Menschen und verantwortlich, sie kümmern sich um andere, kleinere Kinder. Mit zwölf Jahren weinen sie nicht, dass sie zur Mutter oder zum Vater wollen, sie machen am Freitag oder Samstag im ganzen Haus sauber.«

»Tikkun olam« oder »die Reparatur der Welt«, so nennt der jüdische Mystiker Mordechai den in unendlich weiter Zukunft eintretenden Moment, in dem das Gefäß des Lichts, das in der kosmischen Katastrophe zerbrach, wieder zusammengefügt wird. *Reparatur der Welt* lautet auch der Titel des 2019 in deutscher Übersetzung erschienenen Romans Slobodan Šnajders, in dem der bedeutende kroatische Dramatiker die Geschichte seines Vaters im Zweiten Weltkrieg erzählt. Georg Kempf heißt dieser im Roman. Er ist der Ansprechpartner Mordechais, der kurz nach seinem Vortrag über jüdische Mystik von polnischen Plünderern ermordet wird, die die Umgebung nach den verscharrten jüdischen Leichen von Treblinka absuchen, um ihnen Wertgegenstände abzunehmen und Goldzähne herauszubrechen. Georg versteckt sich unterdessen wegen seiner SS-Tätowierung. Er ist als Angehöriger der in Kroatien lebenden Donauschwaben als sogenannter Freiwilliger zwangsverpflichtet worden, schaffte es aber zu desertieren. Da er sich später einer sowjetischen Partisaneneinheit anschließt, wird es ihm als einzigem Donauschwaben seines Dorfes gestattet, in der Heimat zu bleiben – was er aber nicht vorhat.

2014 organisierte Martin Pollack eine Veranstaltungsreihe mit osteuropäischen Autoren im Burgtheater-Casino am Schwarzenbergplatz. Eine der geladenen Autorinnen war Swetlana Alexijewitsch aus Belarus. »Ich habe einige Journalisten angerufen, und kein einziger wollte ein Interview mit ihr«, ärgert sich Pollack noch heute über das Desinteresse. Ein Jahr später bekam Alexijewitsch den Literaturnobelpreis. Seither ist Belarus kein ganz weißer Fleck mehr auf der literarischen Landkarte, und so war auch das Interesse an dem 2023 erschienenen Roman *Was suchst du, Wolf?* der im Warschauer Exil lebenden Belarussin Eva

Viežnaviec groß. Sie erzählt darin aus der Sicht einer Reihe von Frauen die Geschichte eines Dorfes am Rand der Mariensümpfe, die von Wölfen und den Geistern der Vergangenheit durchstreift werden, und von den unzähligen Wellen der Gewalt und der Pogrome, die vor, zwischen und während der Zeit der »ersten« und der »zweiten« Deutschen über das Land gezogen sind.

So wichtig die Aufmerksamkeit ist, die Preise, Auszeichnungen und Buchmessen-Schwerpunkte immer wieder auf osteuropäische Autoren und Literaturen lenken, so schwierig ist es für Verlage, eine breite Leserschaft für sie zu gewinnen. Die zunehmende Renationalisierung auch innerhalb der EU – man denke an Ungarn und Polen – erschwert diese Arbeit zusätzlich. Umso bemerkenswerter ist die konsequente Programmpolitik, die Zsolnay oft auch entgegen medialer Vorlieben hier verfolgt.

Die ersten Zsolnay-Programme nach 1996 füllen neben mitteleuropäischen und österreichischen vor allem angloamerikanische Autoren wie der Australier David Malouf oder der Brite John Lanchester, die an der Schwelle zu größeren Erfolgen stehen. *Schmetterling und Taucherglocke* des Franzosen Jean-Dominique Bauby ist 1997 der erste Bestseller des neu aufgestellten Verlags, ehe Henning Mankell und in seiner Folge skandinavische und englischsprachige Krimi- und Noir-Autoren verlegt werden. Schriftsteller kommen oder gehen, das ist Teil des Geschäfts, doch einer von ihnen bleibt über all die Jahre bei Zsolnay: Der 1960 geborene Brite Andrew Miller, dessen Roman *Die Gabe des Schmerzes* 1998 erscheint. Das Buch über einen Mann ohne Schmerzempfinden und Gefühle wird oftmals ausgezeichnet und auch in der deutschen Übersetzung von Nikolaus Stingl zu einem Bestseller. Acht Romane von Andrew Miller sind bei Zsolnay lieferbar, einer der erfolgreichsten ist der 2013 erschienene *Friedhof der Unschuldigen*, der von der Übersiedlung der Gebeine des bereits zur Merowingerzeit angelegten Pariser Friedhofs Cimetière des Innocents kurz vor der Französischen Revolution in die Katakomben erzählt. 2023 erscheint *Die Korrektur der Vergangenheit*, der in einer davon nicht weit entfernten Epoche spielt und das Grauen des Krieges zu Zeiten Napoleons aus der Sicht eines englischen Soldaten erlebbar macht.

Literatur aus Italien spielt bei Zsolnay spätestens seit den 1930er Jahren eine große Rolle, als sich die Romane des Diplomaten Daniele Varè sehr erfolgreich verkauften. Neben dem Triest-Schwerpunkt der Jahre nach 1996 oder bekannten Namen auf der Backlist wie Leonardo Sciascia finden laufend weitere italienische Autorinnen und Autoren Aufnahme ins Programm.

Mit Sportgeschichten wird 2004 Ugo Riccarelli auf einen Schlag im deutschsprachigen Raum bekannt: In *Fausto Coppis Engel* erzählt der gebürtige Turiner von Tragödien und Komödien, die Menschen bei ihren Versuchen erleben, die Grenzen nicht nur ihrer körperlichen Leistungsfähigkeit auszuloten. Reale Mythen und Fiktion mischen sich in Riccarellis Erzählungen von menschlicher Größe und Schwäche, von unvergesslichen und längst vergessenen Heldentaten. 2006 erscheint sein von Karin Krieger ins Deutsche übersetzter erfolgreichster Roman, *Der vollkommene Schmerz*, ein großes Fresko über hundert Jahre italienischer Geschichte, von einer gescheiterten Revolution im kalabrischen Sapri im Jahr 1857 bis zur Besetzung durch die Deutschen und die Partisanenkämpfe. Nach dem breiten Epos widmet sich Riccarelli in *Der Zauberer* (2009) einem Einzelschicksal, der Geschichte eines Abenteurers und Aufschneiders zwischen Italien und Nordafrika – dessen Vorlage der Vater des Autors ist. In Riccarellis Todesjahr, 2013, erscheint Annette Kopetzkis Übersetzung von *Die Residenz des Doktor Rattazzi*, in dem der Leiter einer psychiatrischen Anstalt alles versucht, um seine als Wahnsinnige geltenden Schützlinge vor dem tödlichen Wahnsinn des Krieges und der Verfolgung durch die Faschisten in Sicherheit zu bringen.

Von der Unmenschlichkeit des Krieges erzählt auch eine der schillerndsten Figuren der europäischen Literatur des zwanzigsten Jahrhunderts, Curzio Malaparte. Der Sohn eines Deutschen und einer Italienerin mit dem ursprünglichen Namen Kurt Erich Suckert wurde als glühender italienischer Patriot im Ersten Weltkrieg sowohl mit französischen als auch italienischen Tapferkeitsmedaillen ausgezeichnet. Malaparte war ein früher Anhänger der Faschisten, die ihn später ins Gefängnis werfen sollten, wurde zum führenden Journalisten und zeichnete sich im brutalen Krieg Italiens gegen die Äthiopier aus. Den Zweiten Weltkrieg erlebte er als Kriegsberichterstatter und Verbindungsoffizier der Amerikaner, ehe er sich den Kommunisten annäherte. Aus seinen gesammelten Kriegsreportagen wurde 1944 der Roman *Kaputt*, der als Italiens wichtigster Beitrag zur Antikriegsliteratur gilt. 2005 macht Zsolnay das Werk wieder verfügbar, ergänzt um ein Nachwort von Lothar Müller, der den Autor als Repräsentanten des Zeitalters der Extreme porträtiert: »Aus der Verklammerung von Fronterfahrung und politischem Radikalismus, die in den Schützengräben der ersten Materialschlacht des Jahrhunderts zur kompakten Einheit verschmolzen, ging der Autor Malaparte hervor.« In seinem Roman zieht er durch ein im Untergangsfuror brennendes Europa und zeichnet zuvor unvorstellbare, apokalyptische Bilder von der Ostfront.

Ein Jahr später erscheint der Roman *Die Haut*, in dem Malaparte den Verlauf der Kämpfe auf dem italienischen Kriegsschauplatz folgt, von Capri über Rom bis Mailand, wo der Leichnam Mussolinis kopfüber aufgehängt wird. Das Nachwort von Thomas Steinfeld erklärt das biographische Verwirrspiel, das der »Schriftsteller des Obszönen und Makabren« in seinem Buch betreibt, und geht auf die »karnevalesken Züge« ein, die das Grauen des Krieges bisweilen annimmt.

Der erste auf Deutsch erhältliche Roman der 1953 geborenen Wanda Marasco, *Am Hügel von Capodimonte* (2018), ist ein langer Monolog der Erzählerin am Totenbett ihrer Mutter, der sowohl eine komplexe Familiensaga ist als auch ein vielstimmiges Porträt der »Großen Mutter« Neapel, deren Rand- und Schattenexistenzen der Roman ins Zentrum rückt. Marascos für seine Sinnlichkeit und poetische Sprache gefeierter Roman war auf der Shortlist für den Premio Strega, des wichtigsten Literaturpreises Italiens. Bekommen hat diesen im Jahr 2020 zum zweiten Mal Sandro Veronesi für *Der Kolibri* (2021 in deutscher Übersetzung). So nennt die Mutter des Erzählers ihren Sohn Marco

Curzio Malaparte, Claudia Durastanti, Gianfranco Calligarich

ursprünglich wegen seiner Körpergröße, doch der Vergleich passt auch später zu Marco, der seine ganze Energie darauf zu verwenden scheint, sich im Leben nicht von der Stelle zu bewegen, trotz der Unerbittlichkeit der Schicksalsschläge, die auf ihn hereinprasseln. Der Roman ist die Bilanz eines Lebens, dem der Autor das Zitat Becketts »Ich kann nicht weitermachen. Ich mache weiter« als Motto vorangestellt hat.

In ihrem autofiktionalen Roman *Die Fremde* (2021) erzählt die 1984 in Brooklyn geborene Claudia Durastanti davon, wie ein gehörloses Künstlerpaar aus Süditalien nach New York auswandert, wo ein Kind auf die Welt kommt, die Beziehung aber in die Brüche geht. Die Mutter kehrt mit der Tochter zurück nach Italien, das Kind muss sich ein zweites Mal eine Sprache aneignen, ohne diese von den Eltern hören zu können. Der Roman des zur Übersetzerin gewordenen Mädchens zwischen New York und der Basilikata behandelt viele Facetten des Fremdseins und wird zum internationalen Erfolg.

Eine kuriose Wiederentdeckung ist der Roman *Der letzte Sommer in der Stadt*, der erstmals 1973 auf Italienisch erscheint, schnell vergriffen ist und 2016 aufs Neue erfolgreich wird, ehe er international für Furore sorgt. Die 2022er-Ausgabe bei Zsolnay ist die erste deutschsprachige Edition von Gianfranco Calligarichs Debütroman, dessen Ich-Erzähler Leo Gazzarra nach Rom zieht und dort versucht, sich als Autor einen Namen zu machen. Er kommt bei Freunden unter, fährt einen alten

Alfa Romeo, schreibt auf Zeilenhonorar für eine Sportzeitung, trinkt, erlebt eine unglückliche Liebe und einen langen Sommer in Rom. Es ist aber weniger die Handlung als vielmehr das von Calligarich in seinem Roman eingefangene Lebensgefühl, das die Kritik weltweit in Erinnerungen an *La Dolce Vita* und *La Grande Bellezza* schwelgen lässt und die Wiederentdeckung des aus Triest stammenden, in Eritrea geborenen Autors zum Ereignis macht.

Auch französische Literatur hat bei Zsolnay eine lange Tradition. Im 21. Jahrhundert kommen zahlreiche neue Namen hinzu, so Jean-Philippe Blondel mit seinem bei Deuticke erschienenen Bestseller *6 h 41*. In einem Pendlerzug nach Paris begegnen darin einander Cécile und Philippe wieder, deren Beziehung 27 Jahre zuvor in einem Desaster geendet hatte. Ebenfalls bei Deuticke folgen Blondels Romane *This is not a love song* (2016), *Die Liebeserklärung* (2017) und *Ein Winter in Paris* (2018).

Ich bin eine freie Frau, schreibt die französische Autorin und spätere Staatssekretärin Françoise Giroud. »Eine glückliche Frau war ich auch – was gibt es Selteneres auf ᴄer Welt?« Zu diesem Zeitpunkt hat sie die Trennung von ihrem Mann, Jean-Jacques Servan-Schreiber, mit dem sie das Magazin *L'Express* gegründet hatte, und einen Suizidversuch hinter sich. In dem lange verloren geglaubten Text gibt Giroud Einblick in ihr Leben und in die französische Gesellschaft der 1960er Jahre. 2016 erscheint die deutschsprachige Ausgabe.

»Ein Instrument: ein Saxofon, ein Klavier, sogar ein Kontrabass«, das ist die Sprache für den 1981 in der Demokratischen Republik Kongo geborenen Fiston Mwanza Mujila, der heute an der Universität Graz afrikanische Literatur unterrichtet und Lyrik, Prosa und Theaterstücke schreibt. »Ich komponiere meine Texte wie ein Jazzmusiker, wie ein Saxofonist«, erklärt der Autor seinen Roman *Tram 83*, der 2016 auf Deutsch erscheint. »Und wichtig ist nicht nur der Text, sondern auch das, was danach kommt: die Performance, die laute Lektüre.« Wer Fiston einmal live erlebt hat, mit oder ohne Begleitband, weiß um die mitreißende Musikalität, mit der er erzählt und vorträgt. Folgerichtig er-

Inès Bayard, Fiston Mwanza Mujila, Sarah Biasini

hielt er 2023 den Preis der Literaturhäuser. »Ich habe den Roman wie ein Jazzorchester gebaut, mit vielen Momenten der Harmonie und der Improvisation und mit Soli. Und diese Soli haben mir als Autor viel Freiheit ermöglicht.«

Eine ähnliche Erzählweise verfolgt der Autor auch in *Tanz der Teufel* (2022), der im Grenzgebiet der Demokratischen Republik Kongo mit Angola und mit Sambia angesiedelt ist. Der Roman erzählt von Diamantensuchern, Gaunern und Agenten und hat bei aller Ironie und Lust an der Abschweifung eine klare politische Dimension, in der es um die Folgen von Kolonialisierung, Raubbau und Bürgerkrieg geht.

Eine Französin mit starkem Bezug zu Österreich ist die Schauspielerin Sarah Biasini, deren Buch *Die Schönheit des Himmels* 2021 sowohl auf Französisch als auch auf Deutsch erscheint. Sie wendet sich darin an ihre neugeborene Tochter und erzählt von ihrem eigenen Leben und dem ihrer Familie. Vor allem kreist sie um die Beziehung zu ihrer eigenen Mutter, die viel zu früh gestorben ist, als die Erzählerin erst vier war. Heute ist diese so alt wie ihre Mutter damals. Sarah Biasini ist die Tochter von Romy Schneider, ihr Buch kein trauriger Rückblick, sondern ein poetisches Ja zum Leben.

Eine beklemmende, verstörende Beziehung zur Mutterschaft beschreibt die 1992 in Toulouse geborene Inès Bayard in ihrem Debütroman *Scham* (2020). Dessen Geschichte ist als lange Rückblende erzählt, das Ende nimmt er auf der ersten Seite vorweg. Marie, die wenige Monate zuvor gejubelt hat, »wie viel Glück sie doch hat, diese Frau zu sein«, vergiftet ihren Mann, ihr Kind und sich selbst. Wie die glückliche junge Frau zur eiskalten Mörderin wird, erzählt Bayard so unerbittlich wie spannend. Im Herbst 2023 erscheint mit *Steglitz* Bayards nächster Roman bei Zsolnay.

SALONFÄHIG

Vom Gründungsgedanken des Verlags, der von Anfang an eine Anlaufstelle für österreichische Autoren sein sollte, war nach den Eigentümerwechseln der achtziger und neunziger Jahre nicht mehr viel übrig. Es ist ein ehrgeiziges Ziel, den Verlag aufs Neue als wichtige Adresse für heimische Schriftstellerinnen und Schriftsteller zu etablieren.

Nach Karl-Markus Gauß stößt im Herbst 1998 der Gewinner des Bachmannpreises von 1995, Franzobel, zum Verlag. Suhrkamp veröffentlichte seinen Siegertext *Die Krautflut* (1995) nur in der Taschenbuchreihe. Als sein Lektor dann wort- und ankündigungslos den Verlag verlässt, fühlt sich der Autor nicht ernst genommen. »Ich wollte weg, daher habe ich Michael Krüger angerufen«, so Franzobel, dessen Ziel nun Hanser ist. Wenig später meldet sich Herbert Ohrlinger bei ihm und bekundet Interesse sowohl am neuen Roman als auch an einer längerfristigen Zusammenarbeit. »Eigentlich wollte ich da gar nicht hin«, erzählt Franzobel. Dass sein Roman *Böselkraut und Ferdinand* bei Zsolnay gebunden und schon im nächsten Jahr erscheinen könnte, überzeugt ihn davon, es mit dem auf neuen Beinen stehenden Verlag zu versuchen. »Und seither hat es wenig Reibereien gegeben«, resümiert er die Zusammenarbeit. Auch der Verleger beherrscht das Understatement: »Die einzige Schwierigkeit bei der Arbeit mit Franzobel ist, dass er das, was man an einer Stelle wegschneidet, woanders wieder hinzufügt«, sagt Ohrlinger über die seit einem Vierteljahrhundert erfolgreiche Zusammenarbeit. Mit *Scala Santa oder Josefine Wurznbachers Höhepunkt* festigt der für seine lustvoll-barocke Sprache voll unerwarteter Bilder und für seinen grotesken, oft auch derben Humor bekannte Autor sein Standing. In der Folge publiziert Franzobel regelmäßig Romane (u. a. *Das Fest der Steine oder Die Wunderkammer der Exzentrik*, 2005, *Was die Männer so treiben, wenn die Frauen im Badezimmer sind*, 2012), den Lyrikband *Luna Park. Vergnügungsgedichte* (2003), das Märchen *Österreich ist schön* (2009) sowie drei Kriminalromane (*Wiener Wunder*, 2014, *Groschens Grab*, 2015, und *Rechtswalzer*, 2019).

2017 erscheint mit *Das Floß der Medusa* ein Roman, der den Schriftsteller weit über den deutschen Sprachraum hinaus bekannt macht. Er erzählt darin von einem Schiffsunglück aus dem Jahr 1816, das durch das monumentale Gemälde von Théodore Géricault berühmt geworden ist. »Es ist ihm damit nicht nur gelungen, sich selbst neu zu erfinden, er hat gewissermaßen den als altvaterisch geltenden historischen Roman neu erfunden«, sagt Herbert Ohrlinger über das Buch, das Franzobels Schaffen auf ein anderes Level hebt. Abgesehen vom Bayerischen Buchpreis und der Shortlist des Deutschen Buchpreises landet das *Floß* auch international auf den Bestsellerlisten, von Frankreich über Norwegen bis Italien und Rumänien.

2021 folgt der Roman *Die Eroberung Amerikas*, in dem Franzobel eine weniger bekannte Episode der Conquista erzählt, nämlich die der gescheiterten Florida-Expedition von Hernando de Soto in den Jahren 1538 bis 1542. Wie schon beim *Floß der Medusa* beruht auch hier die Handlung auf peniblen Recherchen auf den Spuren der historischen Protagonisten, auf denen Franzobel den Kern der Erzählung baut, die er findig und auf seine Weise anreichert.

Das Gehirn Albert Einsteins, das in der *Eroberung Amerikas* kurz auftaucht, verweist auf Franzobels 2023 erschienenen Roman *Einsteins Hirn*. Tatsächlich stahl der Pathologe Thomas Harvey das Hirn des Entdeckers der Relativitätstheorie vor dessen Einäscherung und reiste da-

Franzobel, Elias Hirschl, Lisa Eckhart

mit jahrzehntelang durch Amerika. Franzobel zeichnet Harveys Wege nach, gibt dem in einem Gurkenglas mitgeführten Hirn eine eigene Stimme und lässt das Duo in einem grotesken Roadmovie die bedeutenden Momente der US-amerikanischen Geschichte der zweiten Hälfte des zwanzigsten Jahrhunderts gemeinsam erleben. Dem Kontinent und dem Genre treu bleibend, bricht Franzobel im Sommer 2023 nach Grönland auf, um für einen Inuit-Roman zu recherchieren.

Franzobels anfängliches Zögern, zu Zsolnay zu gehen, zeigt, wie weit der Weg war, den der Verlag in seinem Bemühen um zeitgenössische österreichische Schriftsteller zurückzulegen hatte. Es gelingt in kleinen Schritten: etwa mit der in Bratislava geborenen Magdalena Sadlon. *Die wunderbaren Wege* heißt ihr 1999 erschienener kurzer Roman über einen frühpensionierten, zwänglerischen Lehrer, der seine innere Leere durch ausgedehnte Spaziergänge in den Griff zu bekommen versucht, was ihm jedoch nicht gelingt: »Es ist tunlichst zu vermeiden, in eine Situation zu geraten. Aber die Tage sind Situationen. Der beste Wille verändert die bedeutungsloseste Situation nicht, der beste Wille ist seit Jahrhunderten zum Scheitern verurteilt.«

Sieben Jahre später erscheint mit *Solange es schön ist* ein nächster Roman der ungewöhnlichen Stilistin, um die es danach still geworden ist. Auch in diesem Text entsteht Komik durch Scheitern, dieses Mal sind es Bewohner eines Wiener Mietshauses, die einander zwar aus dem Weg gehen wollen, nolens volens aber eine große Wohngemeinschaft bilden.

Durch kräftige Bilder und wild wuchernde Metaphern fallen die drei Romane *Schlangenkind* (2001), *Die Träumer* (2007) und *Das fünfunddreißigste Jahr* (2013) auf. Der 1967 in Klagenfurt geborene Peter Truschner erzählt vom Heranwachsen in der Provinzhölle, vom Leben in der Großstadt Berlin und von seiner eigenen Generation, der es auch mit über dreißig nicht zu gelingen scheint, erwachsen zu werden.

Mit Evelyn Schlag wechselt 2002 eine bereits etablierte Erzählerin und Lyrikerin zu Zsolnay. *Brauchst du den Schlaf dieser Nacht* ist bereits ihr fünfter Lyrikband. 2003 folgt der Roman *Das L in Laura*, dessen Protagonistin mit einem homosexuellen Dichter nach Brüssel reist, »um gemeinsam ins Bett zu gehen und miteinander *nicht* zu schlafen«. Einen raueren Ton schlägt die Dichterin in ihrem 2008 erschienenen Gedichtband *Sprache von einem anderen Holz* an. *Architektur einer Liebe* (2006), *Die große Freiheit des Ferenc Puskás* (2011) und *Yemen Café* (2016) sind weitere Romane der Autorin, in denen sich amouröse mit politischen Turbulenzen mischen.

Ein Fest, das wegen einer plötzlich verhängten Ausgangssperre zur geschlossenen Gesellschaft mutiert, ist die Ausgangslage im 2005 erschienenen Roman *Talschluss* der Grazerin Olga Flor. Nur eine Stunde dauert die erzählte Zeit in *Kollateralschaden* (2008), einem Roman, in dem sie innere Monologe der Kunden und Mitarbeiter eines Supermarktes aneinanderreiht und den Markt zum Abbild einer Gesellschaft macht, in der es keine Solidarität mehr gibt. In *Die Königin ist tot*, einer 2012 erschienenen Dystopie, dient Shakespeares *Macbeth* als Folie für eine Satire auf das postdemokratische Zeitalter.

2003 kehrt ein großer Name auf das literarische Feld zurück: Friedrich Achleitner, mit H. C. Artmann, Konrad Bayer, Oswald Wiener und Gerhard Rühm einer der Köpfe der legendären Wiener Gruppe, hat zwar nie aufgehört zu schreiben, der Schwerpunkt lag dabei aber seit vielen Jahren auf seiner Profession als Architekturhistoriker. Bei einem Fest zu Ehren von H. C. Artmann, wo auch Herbert Ohrlinger zu den

Gästen zählte, gab Achleitner ein paar Prosatexte zum Besten, die den Zsolnay-Chef aufhorchen ließen.

einschlafgeschichten heißt die erste Sammlung von Achleitners Prosaminiaturen, in denen es um Apfelspalten geht und um Nasenrammel, um Hochhäuser und Landschaften, aber immer wieder auch um die Sprache selbst, ihre Mehrdeutigkeiten und ihr Potenzial, Verwirrung zu stiften. 2004 folgt der Band *wiener linien*, der die eingeschlagene Richtung weiterführt: kurze Prosatexte über Wien und die Wiener, geprägt von scharfem Witz und der Liebe zum Sprachspiel. Diese kennzeichnen auch die nächsten Prosabände Achleitners, *und oder oder und* (2006) und *der springende punkt* (2009). *Iwahaubbd*, 2011 erschienen, ist die erste Sammlung von Achleitners Dialektgedichten seit dem legendären Band *hosn rosn baa* (1959), in dem Achleitner, Artmann und Rühm den Dialekt nicht zur Erzeugung von Heimatgefühl nutzten, sondern als Material begriffen, dem man Erstaunliches entlocken kann, wie Achleitner anhand der Silben »wos«, »na« und »ge« und ihrer vielfältigen Kombinationsmöglichkeiten beweist.

Im Bildband *Den Toten eine Blume* würdigt Friedrich Achleitner 2013 die Denkmäler des 2010 gestorbenen Bogdan Bogdanović. Dieser habe mit den Denkmälern »seinen geliebten Landschaften und Menschen ein Erbe hinterlassen, das sie vermutlich heute noch gar nicht begreifen können, das sich aber in ihre Kulturen unzerstörbar eingeschrieben hat; dieses Erbe ist ein Versprechen für die Zukunft.« *wortgesindel* (2015) heißt Friedrich Achleitners letztes Buch, das wiederum hauptsächlich aus Prosaminiaturen, aber auch aus dem einen oder anderen Sonett besteht. Oder aus Geschichten in einem Satz: »ein glatzkopf, aber sonst ein lieber mensch, hatte beschlossen, sich wieder haare wachsen zu lassen, nicht bedenkend, dass in zukunft niemand mehr mit der bemerkung ›aber sonst ein lieber mensch‹ über ihn reden würde.«

Luc Bondy, der aus der Schweiz stammende, an der Berliner Schaubühne berühmt gewordene und in Österreich unter anderem als Leiter der Wiener Festwochen tätige Regisseur veröffentlicht 2005 eine Samm-

André Heller und Michael Haneke, Zsolnay-Jour-fixe, 15. März 2016

lung von Prosaminiaturen unter dem Titel *Meine Dibbuks*, darunter autobiographische Texte, Dialoge und Erinnerungsfragmente an Kindheit und Jugend. 2009 veröffentlicht Bondy seinen Roman *Am Fenster*, dessen Protagonist unter seiner kranken Wirbelsäule leidet und sich dabei ebenfalls in Erinnerungen verliert, an die Zeit am Theater und die jüdischen, im letzten Moment geflüchteten Großeltern. 2012 erscheinen Bondys Gedichte unter dem Titel *Toronto*.

Eine teils ratlose, teils begeisterte Jury ließ die 1972 geborene Andrea Winkler beim Bachmann-Preis 2009 zurück. Unter dem Titel *Drei, vier Töne, nicht mehr* erscheinen Winklers »Elf Rufe« genannte Texte 2010. Sie kreisen um eine idyllische Erinnerung, ein Landhaus mit Park, um Farben, Gerüche und Töne und entziehen sich stets dann dem Zugriff, wenn man meint, ihrem Geheimnis auf die Schliche gekommen zu sein. *Einbildungsroman* lautet der Untertitel von Andrea Winklers Literatur- und Wissenschaftssatire *König, Hofnarr und Volk* (2013), eine Abrechnung mit dem literarischen Leben und seinen Eitelkeiten sowie mit den

Geisteswissenschaften, die den Geist durch schematisches Denken vernichtet und durch Geltungsstreben ersetzt haben. 2018 folgt *Die Frau auf meiner Schulter.* »Ich weiß nicht, ob das hier und dieser Tag wirklich ist. Es kommt mir nicht so vor, zugleich hat es aber auch nichts von einem Traum«, beginnt ein typischer Dialog im Roman.

Poesie und Wissenschaft vereint die promovierte Biologin Andrea Grill in ihrem Roman *Das Paradies des Doktor Caspari* (2015). Darin lässt sie einen Biologen eine vermeintlich ausgestorbene Schmetterlingsart züchten, die sich von menschlichen Tränen ernährt, was ihn zu skurrilen Methoden zwingt, die Nahrung für seine Tiere zu beschaffen. Für den deutschen Buchpreis nominiert wird Andrea Grills nächster Roman *Cherubino* (2019), in dem sich die 39-jährige Sängerin Iris auf ihr Debüt an der Met vorbereitet, als sie von ihrer Schwangerschaft erfährt.

André Heller ist ein Unikat, dennoch waren Kritiker schnell mit Joseph Roth, Robert Musil, Schnitzler, Maupassant und auch Fellini zur Hand, um sein *Buch vom Süden* (2016) einzuordnen. »Eine Heimat ohne südliche Landschaft, ohne die sich tausendfach überlagernden Geräusche des Hafens von Triest, ohne die herablassenden Gesten der Kellner in den Weinschenken von Cattaro, ohne die Frühlingsgewitter über dem Gardasee bei Riva oder die seidenbespannten Sonnenschirme eleganter Damen auf den Tribünen der Galopprennbahn von Meran war nicht mehr seine Heimat«, ist Julians Vater überzeugt, und so macht sich auch der Sohn in Hellers märchenhaftem, zu einem Bestseller gewordenem Bildungsroman zeitlebens auf die Suche nach seinem persönlichen Süden. In Hellers 2020 folgendem Erzählband *Zum Weinen schön, zum Lachen bitter* gibt es eine an den Roman erinnernde Geschichte über einen »kleinen Ort am Gardasee, der mein bestes Zuhause ist«, es geht aber auch um das Wiener Stundenhotel Orient, um Kaiser, Kellner, Lipizzaner und um eine Weltmeisterschaft im Händefalten. In seinem Nachwort würdigt Franz Schuh das Phänomen und den »grandiosen Geschichtenerzähler« André Heller.

Der Kontrast zwischen André Hellers schrullig-märchenhafter

Phantasiewelt und Hans Platzgumers ebenfalls 2016 erschienenem Roman *Am Rand* könnte größer nicht sein. Der noch vor Sonnenaufgang auf einen Berggipfel gestiegene Erzähler gibt sich darin zehn Stunden, »bis die Sonne im Westen und meine Erzählung in der Dunkelheit versinken werden«, um danach einen letzten Schritt zu tun. Bis dahin erzählt er von den Ereignissen, die ihn an den Abgrund geführt haben, und denkt über ein Leben nach, in dem er nicht zum ersten Mal über Leben und Tod zu entscheiden hat.

Nahe am Abgrund findet sich eines Tages auch François wieder, der Held von Platzgumers nächstem Roman *Drei Sekunden Jetzt* (2018). Ein ungeklärter Todesfall lässt ihn von Marseille nach New York und von dort nach Montreal fliehen, doch um zu leben, muss er wissen, wer er wirklich ist. Dem Themenkomplex Leben, Tod und Schuld bleibt Platzgumer auch in seinen Romanen *Bogners Abgang* (2021) und *Großes Spiel* (2023) treu.

Mit dem Roman *Die guten Tage* des 1988 in Wien geborenen, in Belgrad aufgewachsenen Marco Dinić kommt im Zsolnay-Programm von

Birgit Birnbacher und Dominik Barta, Zslonay-Jour-fixe, 18. September 2019

2019 eine Generation mit multiplen Identitäten zu Wort, bei der nicht klar ist, wo zuhause und wo Fremde ist. Im zwischen Wien und Belgrad durch die ungarische Tiefebene rollenden »Gastarbeiter-Express« fährt der Erzähler zum Begräbnis der Großmutter nach Belgrad und lässt dabei bittere Erinnerungen an sein von Gewalt, Krieg und Drogen geprägtes Aufwachsen in Serbien Revue passieren.

2020 gibt der Weltmusiker Hubert von Goisern unter seinem bürgerlichen Namen Hubert Achleitner sein Debüt als Romancier: In *Flüchtig* geht es um die Vergänglichkeit der Liebe, aber auch des Liebesleids. Trennung bedeutet auch die Voraussetzung für eine neuerliche Begegnung. Maria fährt eines Tages einfach los, »Himmelsrichtung Süden. Mehr weiß ich nicht. Hauptsache, weg.« *Flüchtig* zählt 2020 zu den meistverkauften Büchern im gesamten deutschen Sprachraum.

Dass der 1996 so ehrgeizig wirkende Plan, den Verlag wieder zu einer der ersten Adressen für österreichische Schriftsteller zu machen, funktioniert hat, bestätigt die aktuell jüngste Autorengeneration des Verlags.

2020 erscheint *Vom Land* des 1982 geborenen Dominik Barta, der in seinem Erstling um die kranke, verstummte Bäuerin Theresa, deren Familie nun vor der Aufgabe steht, wieder miteinander ins Gespräch zu kommen, die Tradition des österreichischen (Anti-)Heimatromans fortführt. 2022 folgt der Roman *Tür an Tür*, dessen Figuren diesmal in einem hellhörigen Haus in der Stadt das Auslangen miteinander finden müssen.

Für Aufsehen sorgt 2021 der 27-jährige Wiener Elias Hirschl mit *Salonfähig*. Julius, der junge, immer makellos wirkende neue Parteichef der Konservativen, ist darin das große Idol eines leicht autistisch veranlagten Ich-Erzählers. Während er seinen labilen, sich mit seinem Idol überidentifizierenden Helden in die unvermeidliche Katastrophe führt, zeichnet Hirschl ein bei aller Bizarrerie erstaunlich treffsicheres Bild einer an die Macht drängenden Politikergeneration.

Als Kabarettistin und Poetry-Slammerin, vor allem aber als Provokateurin ist die 1992 in Leoben geborene Lisa Lasselsberger unter ihrem

Künstlernamen Lisa Eckhart berühmt und auch berüchtigt. Eckhart gibt antisemitische und rassistische Vorurteile der Lächerlichkeit preis, indem sie diese auf grotesk überzeichnete Weise scheinbar teilt. In die Schlagzeilen kam das Hamburger Literaturfestival *Harbour Front* 2020 aber nicht wegen eines Auftritts Eckharts, die dort ihren Debütroman *Omama* vorstellen sollte, sondern wegen der Ausladung der Autorin. Die Veranstalter fürchteten Randale durch linke Protestierende, die letztlich ausblieben. Nicht zuletzt diese Schlagzeilen katapultierten Eckharts Roman in sämtliche Bestsellerlisten. 2022 veröffentlicht Eckhart, die in Paris Germanistik und Slawistik studiert hat, den Paris-Roman *Boum*, einen Krimi, in dem ein Serienmörder Straßenmusiker ins Visier nimmt.

Zeitgleich mit Lisa Eckhart debütiert die Bachmannpreisträgerin von 2019, Birgit Birnbacher, mit *Ich an meiner Seite* bei Zsolnay. Ein sensibler junger Mann, der mehr als zwei Jahre in Haft verbracht hat, durchläuft darin ein Resozialisierungsprogramm. Birnbacher erweist sich als gleichermaßen gewitzte wie routinierte Erzählerin, die Hintergründe und Nebenhandlungen nur so weit erzählt, wie es für den Fortgang der Geschichte notwendig ist, und ihre Leser dadurch in eine Welt führt, die sie kaum oder gar nicht kennen. Den Bachmannpreis gewann sie mit einem Auszug aus ihrem nächsten Roman, *Wovon wir leben* (2023), in dem eine Frau mit Mitte dreißig den Job verliert und sich hoffnungs- und perspektivenlos auf den Weg zurück ins Dorf ihrer Eltern macht. Wiederum gelingt es Birnbacher darin, ihren Figuren ins Innerste zu blicken, ohne sie bloßzustellen, und ihnen einen Ausweg aus dem scheinbar unentrinnbaren Schlamassel zu ermöglichen.

DEUTICKE
(2005 BIS 2019)

Der in den 1990er Jahren durch den Österreichischen Bundesverlag (ÖBV) reanimierte Deuticke Verlag wird 2005 zum Imprint von Zsolnay. Martina Schmidt bleibt bis zu ihrer Pensionierung 2019 Programmleiterin. Unter einem Dach firmieren Lektorat, Vertrieb, Herstellung, Marketing und die kaufmännischen Belange, doch Deuticke behält sein eigenes Profil.

Einige bekannte Namen der österreichischen Literatur sind zumindest mit einem Teil ihres Werks bei Deuticke beheimatet: etwa Peter Henisch, dessen *Die kleine Figur meines Vaters* seit Jahrzehnten zur Schullektüre zählt. 2007 erscheint sein Großmutter-Roman *Eine sehr kleine Frau*. In *Der verirrte Messias* (2009) lässt Henisch Jesus in Gestalt eines Flüchtlings zurückkehren, in *Mortimer & Miss Molly* (2013) findet eine Liebesgeschichte am Ende des Zweiten Weltkriegs eine späte Fortsetzung. Autobiographische Züge haben Henischs Romane *Suchbild mit Katze* (2016) und *Siebeneinhalb Leben* (2018), in denen sich Erinnerungen, Träume und fiktionale Elemente mischen.

Michael Köhlmeier veröffentlicht in der zweiten Hälfte der 2000er Jahre vier Bände mit Erzählungen: *Nachts um eins am Telefon*, *Der Spielverderber Mozarts* und *Idylle mit ertrinkendem Hund*. Auch in *Mitten auf der Straße* zeigt sich Michael Köhlmeier als souveräner Meister der kleinen Prosaform.

Von Monika Helfer erscheinen drei Bücher bei Deuticke (*Bevor ich schlafen kann*, 2010, *Die Bar im Freien*, 2012, *Zwei Frauen warten auf eine Gelegenheit*, 2014, mit Ingrid Puganigg).

Gemeinsam (bei Zsolnay) geben Helfer und Köhlmeier 2005 die nachgelassenen Erzählungen ihrer im Alter von 21 Jahren tödlich verunglückten Tochter Paula unter dem Titel *Maramba* heraus.

Zu einer jüngeren Autorinnengeneration zählt Linda Stift, Jahrgang 1969, die 2005 mit *Kingpeng* debütiert, einem Roman über zwei Geschwister, die über ihren Partyservice in die Welt der Reichen und Schönen eintauchen. *Stierhunger* von 2007 ist die märchenhaft verfremdete Geschichte einer an Bulimie Leidenden, in *Kein einziger Tag* von 2011 geht es wieder um die Frage der richtigen Distanz zwischen Geschwistern.

Margarita Kinstner gelingt mit *Mittelstadtrauschen* (2013) das rare Kunststück, ein unverlangt eingesandtes Manuskript zu einem erfolgreichen Roman zu machen.

Bereits 2003 legte der in Bulgarien gebürtige Dimitré Dinev ein über mehrere Generationen reichendes Epos über das Leben im Kommunismus und die samtene Revolution vor, das ihn auf einen Schlag bekannt machte. 2005 folgt sein bisher letztes Buch, der Erzählungsband *Ein Licht über dem Kopf*.

Flucht und Migration sind auch in den Romanen und im Leben Julya Rabinowichs von zentraler Bedeutung. In *Spaltkopf* (2008) erzählt sie von der siebenjährigen Mischka aus Leningrad. Diese glaubt, mit ihren Eltern auf Urlaub zu fliegen, doch als ihr Flieger in Wien landet, beginnt für das Mädchen ein neues Leben in einem fremden Land mit einer neuen Sprache. Den Mann, der ihr Herz im Wortsinn berührt hat, versucht eine Frau in ihrer 2011 erschienenen *Herznovelle* wiederzufinden. In *Die Erdfresserin* (2012) gelingt einer aus der ehemaligen Sowjetunion geflohenen Theaterregisseurin, die sich und ihr behindertes Kind als Geheimprostituierte über Wasser hält, zunächst der Ausbruch aus dem Milieu, doch die vermeintliche Rettung ist nur von kurzer Dauer. Um Alma Mahler, Oskar Kokoschka und Paul Kammerer dreht sich Rabinowichs *Krötenliebe* (2016).

Seit 1993 erscheinen die Bücher des Arztes und Jugendpsychiaters Paulus Hochgatterer bei Deuticke. Sie handeln oft von Jugendlichen, die mit sich, ihren Familien oder ihrer Vergangenheit nicht zurechtkommen. 2006 legt Hochgatterer einen Kriminalroman vor, *Die Süße des Lebens*, der in der fiktiven Kleinstadt Furth spielt, einem Städtchen mit Seezugang, Blasmusikkappelle und hartnäckigen Schatten der nationalsozialistischen Vergangenheit. In *Das Matratzenhaus* (2010) terro-

Daniel Glattauer, Paulus Hochgatterer, René Freund

risiert ein schwarzgekleidetes Wesen die Further Volksschüler, ein junger Mann stürzt von einem Baugerüst in den Tod. Unfall, Selbstmord, Mord? Happy End gibt es keines. 2019 folgt der dritte Band aus Furth am See: *Fliege fort, fliege fort*. Nach den Kindern sind es nun ältere Menschen, die zu Opfern einer Serie von rätselhaften Gewalttaten werden.

Im Nachwort seines letzten Romans schreibt Hochgatterer von der Bedeutung, die der »Sieg der Erzählung des Einzelnen über die behauptete Wahrheit der Mehrheit« für ihn hat. Ein solcher Sieg ist auch seine Erzählung *Der Tag, an dem mein Großvater ein Held war* (2017), in der ein Mädchen, das die Erinnerung verloren hat, und ein geflohener russischer Zwangsarbeiter am Ende des Zweiten Weltkriegs bei einer österreichischen Bauernfamilie unterkommen. Die Situation eskaliert, als Wehrmachtssoldaten dort eintreffen.

Daniel Glattauer, Jahrgang 1960, war Gerichtsreporter und Kolumnist bei der Wiener Tageszeitung *Der Standard*. Seine gesammelten Kolumnen erschienen in Buchform bei Deuticke, wie auch sein erster Roman *Der Weihnachtshund* (2000). Die Lektorin Bettina Wörgötter erinnert sich noch gut an ihre anfängliche Skepsis, als Glattauer von seiner Idee berichtet, eine Liebesgeschichte in Form eines E-Mail-Romans zu erzählen. Als sie aber das Manuskript in Händen hält, ist ihr klar, dass es ein außerordentliches Potenzial besitzt. Mit Gespür für die feinen Töne zwischenmenschlicher Beziehungen, mit sparsamen Mitteln und einer geradezu kargen Handlung erzählt Glattauer eine Geschichte, die Millionen Leser begeistern wird. *Gut gegen Nordwind* erscheint 2006, wird in mehr als vierzig Sprachen übersetzt und mehr als zwei Millionen Mal verkauft. Dutzende Theater zeigen eine Dramatisierung, 2019 wird der Roman fürs Kino verfilmt. Eine Flut an E-Mails überschwemmt den Verlag, zahllose Leserinnen und Leser erkennen ihre eigene Geschichte wieder oder bieten gleich die eigene Korrespondenz an. Die Fortsetzung erscheint 2009 unter dem Titel *Alle sieben Wellen*, wird wiederum zum Bestseller und wird wiederum dramatisiert. 2012 erscheint der Roman *Ewig dein*, in dem Glattauer die seelische Zerrüttung einer Frau protokolliert, in deren Alltag sich ein Stalker einnistet. 2014 folgen *Geschenkt*, ein Roman über einen Journalisten auf der Verliererstraße, der zum Wohltäter wird, sowie die Komödie *Die Wunderübung*, die nicht die Vorgeschichte, sondern die Krise einer Liebe zum Inhalt hat und während einer aus dem Ruder laufenden Sitzung beim Paartherapeuten spielt. 2018 wird auch *Die Wunderübung* verfilmt.

»Bei uns zu sein heißt noch lange nicht, zu uns zu gehören oder gar uns zu gehören«, findet der Universitätslektor Oskar in Glattauers Roman *Die spürst du nicht*, der, lange erwartet, im Frühjahr 2023 erscheint. Oskar diskutiert mit seiner Frau darüber, ob man ein 14-jähriges muslimisches Flüchtlingsmädchen zum Tragen eines Bikinis überreden soll. Als das Mädchen dann in der Toskana im Pool ertrinkt, tun sich veritable Abgründe innerhalb der sich selbst als weltoffen und liberal sehenden Gesellschaft auf. Eine Verfilmung auch dieses Romans wird nicht lange auf sich warten lassen.

Mit Nachrichten auf Anrufbeantwortern beginnt René Freunds *Liebe unter Fischen* (2013). In seiner sich zur Literaturbetriebssatire entwickelnden Geschichte um einen ausgebrannten Lyriker erzeugt der Autor durch pointenreiche Dialoge Schwung und Komik. Nach einem Buch über die Weigerung seines Vaters, als jugendlicher Wehrmachtssoldat am Kampf um Paris teilzunehmen (*Mein Vater, der Deserteur*, 2014), etabliert sich Freund Buch für Buch als einer der wenigen deutschsprachigen Autoren, die es verstehen, Witz mit Spannung und Tiefgang zu vereinen. Ungewöhnliche Ausgangssituationen dreht Freund durch überraschende Volten ins Aberwitzige, ob es sich nun um die Wanderung mit einer Urne quer durch Österreich handelt (*Niemand weiß, wie spät es ist*, 2016) oder die spontane Entscheidung eines Linienbusfahrers, den letzten Wunsch eines sterbenskranken Fahrgasts zu erfüllen (*Ans Meer*, 2018). Schon bei Zsolnay erscheinen 2019 *Swinging Bells* und *Das Vierzehn-Tage-Date* (2021). »Fast schon ein Krimi« ist Freunds *Wilde Jagd* (2023), ein Roman um einen auf vielen Ebenen gescheiterten Philosophieprofessor, der sich auf der Suche nach einer verschwundenen Pflegerin mit der mächtigsten Familie des Dorfes anlegt.

WERKAUSGABEN

Seit 1996 gehört die Backlistpflege zu den vornehmsten Aufgaben von Zsolnay, zumeist in ganz neuer oder revidierter Übersetzung beziehungsweise versehen mit kenntnisreichen Nachworten namhafter Autoren. Weit darüber hinaus reicht das Engagement, wenn es um Werkausgaben – nicht nur – hauseigener Klassiker geht. Neben dem großen altösterreichischen Erzähler Leo Perutz, dessen Gesamtwerk in kontinuierlich herausgegebenen Neuausgaben zugänglich ist, ist hier Albert Drach zu nennen. Von 2002 bis 2022 erscheinen elf Bände der umfangreichen Romane, Erzählungen, Dramen und Gedichte des streitbaren, 1995 verstorbenen Büchner-Preisträgers.

Sechs von geplanten sieben Bänden der von Werner Michler und Klemens Renoldner verantworteten Salzburger Ausgabe des erzählerischen Werkes von Stefan Zweig sind bisher in einer kritischen Edition erschienen. Von Jugend & Volk sowie Deuticke geerbt hat Zsolnay die 42-bändige historisch-kritische Gesamtausgabe Johann Nestroys, für den Wiener Germanisten Wendelin Schmidt-Dengler »die vielleicht eindrucksvollste und wichtigste philologische Leistung im zwanzigsten Jahrhundert, die von Österreich ihren Ausgang nahm«.

Die historisch-kritische Gesamtausgabe des Werks von Ferdinand Raimund steht derzeit beim dritten von geplanten fünf Bänden.

1883 wurde Gräfin Hermine Isabelle Maria Folliot de Crenneville in Wien geboren, nach dem Ersten Weltkrieg zog sie nach Deutschland, wo sie der KPD beitrat und als Hermynia Zur Mühlen zu einer der bekanntesten kommunistischen Publizistinnen der Weimarer Republik wurde. Vor den Nazis floh sie mit ihrem jüdischen Ehemann 1933 zunächst nach Wien und später über Bratislava nach England, wo sie bis zu ihrem Tod 1951 als Schriftstellerin arbeitete. Das Werk der »roten Gräfin«, die als politische Erzählerin von Joseph Roth und Karl Kraus geschätzt wurde, geriet in Vergessenheit. Eine 2019 erschienene vierbändige Werkausgabe im Auftrag der Deutschen Akademie für Sprache und Dichtung und der Wüstenrot-Stiftung in Stuttgart, von Ulrich Weinzierl betreut und von einem Essay Felicitas Hoppes eingeleitet, ermöglicht die Entdeckung eines überaus vielschichtigen Werkes.

Mechtilde Lichnowsky ist heute vor allem wegen ihrer Freundschaft mit Karl Kraus bekannt. Die hochadelige Schriftstellerin und Komponistin war eine entschiedene Gegnerin des NS-Regimes, ihr Werk wurde verboten und nach dem Krieg trotz einiger Auszeichnungen kaum mehr rezipiert. Auch in diesem Fall entstand dank der Wüstenrot Stiftung und im Auftrag der Darmstädter Akademie 2022 eine von Günter und Hiltrud Häntzschel editorisch betreute und von Eva Menasse eingeleitete Ausgabe in vier Bänden.

»WEIT VON WO«
GESPRÄCH MIT HERBERT OHRLINGER

»Jetzt habe ich wahrscheinlich gerade die DNA von Franz Werfel weggekehrt«, sagt die Pressesprecherin Susanne Rössler, als im Verlag einige Möbel verschoben werden und den einen oder anderen verstaubten Winkel freilegen. Trotz regelmäßiger Reinigung erschnuppert man den Geruch der Gründungsjahre, steht man im Entrée der weitläufigen Räumlichkeiten im Hochparterre der Prinz-Eugen-Straße 30, einem eleganten Gründerzeithaus zwischen dem Schwarzenbergplatz und dem Schloss Belvedere, in dem der Verlag seit 1924 untergebracht ist. Eine kleine Sitzgarnitur empfängt den Gast, ein Porträt des Verlagsgründers hängt an der Wand vis-à-vis. Tisch und Stühle machen den Eindruck, schon immer hier zu stehen, haben aber eine weite Reise hinter sich: Als 1945 die Front immer näher an Wien heranrückte, raffte der Ariseur des Verlags, Karl Heinrich Bischoff, sämtliches nicht niet- und nagelfeste Mobiliar zusammen, um damit in Richtung der imaginären »Alpenfestung« zu fliehen. Der Lkw voll Diebesgut kam nicht weit über Niederösterreich hinaus, die Möbel und mit ihnen das Kaffeehaus-Ensemble an der Eingangstür fanden den Weg zurück in den Verlag.

Nur die Teppiche blieben verschwunden, und so wandelt man über den knarrenden Parkettboden, trifft man Herbert Ohrlinger zum Gespräch über die an Brüchen und Kontinuitäten so reiche Geschichte des Hauses, dessen Geschicke er seit mehr als einem Vierteljahrhundert leitet.

Herbert Ohrlinger, ein guter Verleger müsse »mit seinen Schäfchen um die Häuser ziehen, mit den männlichen in die anrüchigen Viertel, mit den weiblichen zu Modeschauen. Mindestens einmal im Jahr sollte er zu einer Zechtour laden, nackt durch den Wörthersee schwimmen, mit seinen Autorinnen und Autoren zu Cocktailpartys nach Johannisburg, zu transsilvanischen

Hochzeiten, zu Kaviarempfängen in die Kamtschatka fliegen. Er sollte Feriendomizile auf Capri, Sylt und Island besitzen, dazu einen Mops, der unliebsame Kritiker beinlich kopuliert, und er muss rund um die Uhr erreichbar sein. Ein guter Verleger braucht die Fähigkeiten eines guten Psychotherapeuten und die Weisheit eines lebenserfahrenen Psychologen.« Wissen Sie noch, wer das gesagt hat?

Ja, natürlich. Das ist aus dem Geburtstagsständchen, das mir Franzobel vor ein paar Jahren gesungen hat. Es fehlt aber Entscheidendes, das er auch gesagt hat, nämlich dass ich von den genannten Dingen wenige besitze und von den Eigenschaften nur ein paar. Das hört sich dann etwas anders an.

Was zeichnet denn einen Verleger, einen guten Verleger aus?

Zweifelsfrei gab und gibt es immer wieder Persönlichkeiten, die dem, was Franzobel da ironisch und ein bisschen nostalgisch fordert, nahekommen, wobei zumindest ein ordentliches Maß an Fleiß ergänzt gehört. Ich kenne aber keine, die das von sich mir nix, dir nix behauptet hätten. Das anscheinend auf ewig vorherrschende Bild des Feingeistes, der sich nachts über Manuskripte beugt, nachdem er sich tagsüber mit bockigen Buchhändlerinnen, aggressiven Agenten, depressiven Dichtern und gierigen Druckereibesitzern herumgeschlagen hat, das hat es, wenn überhaupt, nur höchst selten gegeben. Was es gibt und was die erste Voraussetzung dafür ist, sich in einem solchen Beruf zu bewähren, das ist die Begeisterung für Literatur in all ihren Ausprägungen, von der Antike bis in die Gegenwart, die Lust, sich Tag für Tag auf Neues einzulassen, und bereit zu sein, ganz unterschiedliche Menschen und Themen an einen heranzulassen, die einem auf den ersten Blick womöglich fremd sind. Nicht weniger wichtig ist es, Vertrauen zu wecken und nicht bei ersten Turbulenzen die Flinte ins Korn zu werfen. Das gilt sowohl im Umgang mit Autoren, Übersetzern, Herausgebern als auch mit den Kolleginnen und Kollegen. Ein Literaturverlag, so wie ich ihn verstehe, ist ja nicht die Summe der Bücher, die er herausbringt, er ist ein Ort der Begegnung, an dem Menschen mit unterschiedlichen Temperamenten miteinander nachdenken, was die große und die kleine und auch ihre eigene Welt bewegt. Autorinnen und Autoren bringen ihre Ideen herein, und bisweilen tragen sie andere Ideen wieder hinaus. Ein Verlag ist im besten Fall eine Art Akademie mit vielen korrespondierenden Mitgliedern in unterschiedlichen Sparten. Je stärker die Korrespondenten, desto stärker der Verlag.

Wie schafft man es, aus einem Verlag, der so darniederliegt wie Zsolnay im Jahr 1996, eine solche Akademie zu machen?
Wir haben bei null beginnen müssen, das stimmt schon, weil von dem einstigen Glanz kaum mehr etwas da war. Das war herausfordernd, das war aber auch eine große Chance, den Verlag auf neue Beine zu stellen. In den 1920er Jahren ist der Verlag aus dem Nichts zu einem der bedeutendsten geworden. Daran konnte man anknüpfen. Wir hatten auch noch Rechte aus der Zeit nach 1945, als der Verlag restituiert worden ist. Das bedeutete aber, dass wir die Bücher neu ausstatten, sowohl optisch als auch inhaltlich, indem sich namhafte zeitgenössische Autoren mit ihnen auseinandersetzen und Nachworte beisteuern, wie das zum Beispiel Hanns Zischler mit Graham Greenes *Der dritte Mann* getan hat, den Nikolaus Stingl neu übersetzt hat, oder Eva Menasse mit Ernst Lothars Epochenroman *Der Engel mit der Posaune*. Zum anderen war es notwendig, den Verlag wirklich neu zu gründen, und das heißt: neue Leute finden, die was zu sagen haben. Ein Verlag wie Zsolnay muss die Diskussion, die in Wien, in Österreich, in Mitteleuropa geführt wird, mitprägen, und zwar entscheidend mitprägen. Das war für mich das vordringlichste Ziel. Autorinnen und Autoren, Schriftsteller, Denkerinnen hier zu versammeln und ihnen die Möglichkeit geben, Wirkung zu entfalten, im ganzen deutschsprachigen Raum und wenn möglich darüber hinaus.

Wie gewinnt man die? Zsolnay kannten viele ja nicht mehr, zumindest nicht mehr als relevanten Verlag.
Klarerweise gab es Vorsicht und ein gewisses Maß an Skepsis, denn so was kann auch scheitern. Aber das Vertrauen stellte sich relativ rasch ein. Zum einen, weil Hanser in der Person von Michael Krüger diesen wienerisch-österreichischen, mitteleuropäischen Charakter schätzte und ihn auch forcierte. Ich habe mir die Aufgabe, das umzusetzen, damals gewiss einfacher vorgestellt. Innerhalb von drei, vier Jahren ist dann einiges geglückt. Dafür ist es notwendig, dass alle aus allen Bereichen des Verlages beitragen, von der Grafik bis zum Lektorat, vom Vertrieb bis zum Marketing und zur Presse. Und wir hatten enormes Glück mit den neuen Mitarbeitern, die ja fast alle noch da sind. Kontinuität ist für einen Verlag wie den unseren gar nicht hoch genug zu bewerten.

Im Rückblick wirkt es so, als wäre alles ganz und gar rundgelaufen. Es gab dieses Konzept, die Backlist mit aktuellen österreichischen und mitteleuropäischen Autoren zu kombinieren, dazu sollte eine internationale Schiene kommen. Hand aufs Herz, ohne Rückschläge wird das nicht vonstattengegangen sein. Hat man das Projekt zwischendurch auch infrage gestellt?
Ja, Rückschläge gab es wohl, ich vergesse sie zum Glück schnell. Wir waren anfangs weit weg von wo: Die Verkaufszahlen waren selten so, wie ich mir das vorgestellt habe. Interessante Bücher bedeuten noch lange keinen Erfolg. Man muss um die Aufmerksamkeit für jedes einzelne Buch und jeden einzelnen Autor kämpfen, Tag für Tag aufs Neue. Einige Autoren, mit denen wir zusammenarbeiten wollten, haben sich für andere Verlage entschieden, andere habe ich zweifellos übersehen. Was es nicht gab, war das Infragestellen. In den vergangenen dreißig Jahren ist im internationalen Verlagswesen so vieles passiert, was nicht abzusehen war, aber der unbedingte Wille von allen Seiten ist geblieben. Ohne den, davon bin ich überzeugt, funktioniert es nicht.

Was ist heute das Markenzeichen Zsolnays? Was unterscheidet den Verlag von anderen?
Zsolnay ist ein mitteleuropäischer Verlag mit Sitz in Wien. Es ist ein österreichischer Verlag, der unabhängig ist und der sich einzumischen traut in gesellschafts- und kulturpolitische Debatten, und er muss natürlich aktuell sein. Literatur im weitesten Sinn muss mehr sein als eine Ansammlung von beschriebenen Seiten. Uns ist es gelungen, einen Stamm von Autorinnen und Autoren aufzubauen, auf den ich nicht nur ein bisschen, sondern mächtig stolz bin, und der durch seine Treue zeigt, dass sich Kontinuität auszahlt. Wir sind in der Lage zu zeigen, glaube ich, dieses Wienerische mit dem Europäischen, mit dem Welthaltigen zu kombinieren und für ein breites Publikum im gesamten deutschsprachigen Raum interessant zu machen. Mit dem Aufwand, den wir betreiben und der von den Eigentümern völlig zu Recht erwartet wird, können wir uns ja nicht auf Österreich beschränken, aber die österreichische Handschrift, die darf und soll sichtbar sein. Dazu bedarf es internationaler Autoren, die zu uns passen und die wir zum Teil auch weltweit vertreten, indem wir die Rechte für sie wahrnehmen, etwa Mircea Cărtărescu, Drago Jančar, Liliana Corobca und andere.

Besonders stark ist bei Zsolnay das nichtfiktionale Erzählen vertreten. Woher kommt das?
Das zählt zu den Unterscheidungsmerkmalen zu vielen anderen Verlagen und ist sicher auch eine persönliche Vorliebe. Diese sogenannten unreinen Formen waren prägend für das literarische Leben Wiens und Mitteleuropas. Von den Reportagen von Joseph Roth bis zu den kleinen Stücken von Alfred Polgar, von Karl Emil Franzos bis Karl Kraus und Hilde Spiel. Das greift weit über Wien hinaus in die Länder der Habsburgermonarchie, und wenn man so will, ist es kein Zufall, dass Karl-Markus Gauß der erste neue Zsolnay-Autor war, und wie Claudio Magris vor ihm einer der Ersten, die vehement auf dieses Erbe aufmerksam gemacht haben. Verlage, die sich darum ge-

kümmert haben, gab es nie sehr viele. Gauß ist überhaupt hervorzuheben, weil er der Erste war, der mir damals das Vertrauen geschenkt hat. Er hat damit ein Signal gesetzt für andere: im politischen Bereich Armin Thurnher, den ich lange kenne und schätze, Konrad Paul Liessmann und natürlich Franz Schuh, nicht zu vergessen Ulrich Weinzierl, dessen an Polgar geschultes Schreiben ich immer bewundert habe. Ich wollte wesentliche Teile des kulturellen Lebens erreichen, Theater, Musik, Film, Architektur – Luc Bondy und Hermann Beil, Gerhard Stadelmaier und Friedrich Achleitner, Zsolnay-Kino ...

Bleiben wir beim Nichtfiktionalen, da gibt es ja auch Martin Pollack und Edmund de Waal.

Die beiden stehen für einen Teil des Programms, der für Zsolnay zentral geworden ist. Martin Pollack beschäftigt sich mit der Vergangenheit, die nicht vergehen will. Er hat in seinen Reportagen, aber vor allem in den Büchern über seine eigene Familie dorthin geschaut, wohin man nicht gern schaut, nämlich in die eigene Umgebung. Natürlich gab es Abrechnungen à la Niklas Frank, aber es gab auch evidente Verschleierungen wie die berühmten *Spandauer Tagebücher* von Albert Speer. Was Pollack auf unpathetische, manchmal puristische Weise an Aufklärung geleistet hat, das kann man gar nicht hoch genug einschätzen. Edmund de Waals *Hase mit den Bernsteinaugen* steht für das, was wir verloren haben und was es wiederzuentdecken gilt. Mit der Geschichte seiner jüdischen Familie aus Odessa, die nach Wien, nach Paris gekommen ist und dort ein großes Vermögen aufgebaut hat, die beraubt, vertrieben und ermordet wurde, hat Edmund de Waal diese enormen Verbrechen benannt. Heute kommt Edmund als Freund nach Wien, freilich nicht unbelastet. Mit dem, was passiert ist, kann man sich nicht aussöhnen, glaube ich, das lässt sich nicht wegschreiben, das wird immer da sein. Aber indem man es benennt, indem man ihm eine Form gibt, indem man die Einzelschicksale erzählt, wird es zu etwas anderem.

Es ist mir von Anfang an ein Anliegen gewesen, dass das Vergangene nicht vergessen wird, sondern dass man sich darauf besinnt und daraus Schlüsse für die Gegenwart zieht.

Es gibt bei Ihnen eine besondere Art der Traditionspflege vergessener jüdischer Autorinnen und Autoren, deren Bücher damals, als sie erschienen sind, nicht beachtet oder die nicht mehr aufgelegt wurden.
Zsolnay hatte in den zwanziger und dreißiger Jahren viele namhafte und erfolgreiche Autoren, Franz Werfel ist der bekannteste von ihnen, die aufgrund der Emigration nicht mehr die Aufmerksamkeit bekommen haben, die ihnen gebührt. Dann gab es die Zäsur von 1933, und 1938 musste Paul Zsolnay selbst nach London ins Exil. Es gibt eine Reihe Autoren oder auch einzelne Bücher, die es sich lohnt, wieder zu lesen, keineswegs nur bei Zsolnay. Wir haben da einiges entdeckt. Zuletzt die Erinnerungen von Hertha Pauli, dieser wunderbaren Frau und couragierten Schriftstellerin, *Der Riss der Zeit geht durch mein Herz*. Oder Ludwig Winder mit dem *Thronfolger*, ein gigantischer Roman über den Schlächter Franz Ferdinand, erschienen 1937 in der Schweiz, im austrofaschistischen Ständestaat sofort verboten und nach 1945 überall vergessen. Und immer wieder Leo Perutz, der weltweit gelesen wird und den ich für einen der größten Autoren mit altösterreichischen Wurzeln halte. An der Geschichte und Rezeption von Leo Perutz zeigen sich auch die Widersprüche, die es in unserem Verlag gegeben hat: Paul Zsolnay hat in den dreißiger Jahren fraglos eine zwiespältige Verlagspolitik verfolgt. Autoren und Mitarbeiter von sehr weit rechts hat er geholt, um den Markt in Deutschland vielleicht doch nicht ganz zu verlieren. Auch nach seiner Rückkehr 1946 hat er sehr vorsichtig agiert, sogar bei befreundeten Autoren wie Perutz. Dessen wohl schönsten Roman, *Nachts unter der steinen Brücke*, hat er vorerst abgelehnt, unter dem Vorwand, dass er zu jüdisch und dem Publikum nicht zumutbar sei. Er erschien wesentlich später doch bei Zsolnay. Paul selbst, wurde mir erzählt, hätte immer einen gepackten Koffer im Verlag

parat gehabt, für den Fall der Fälle. Die Geschichte dieses Verlages ist gezeichnet von Brüchen, die durch die Biographien der Gestalten gegangen sind, die hier tätig gewesen sind. Umso wichtiger ist es, dass manchmal so etwas wie Wiedergutmachung gelingt, indem Leser und Leserinnen von solchen Büchern begeistert sind. Denn zweifelsfrei steht es fest, dass nur gelesene Bücher Wirkung entfalten, die über den Tag hinausgeht.

Durch die Brüche kommen wir auch zu einer Kontinuität mit den Gründungsjahren des Verlags. Sie haben einerseits sehr viele Autoren aus den vergangenen Jahrzehnten wieder zugänglich gemacht und, ähnlich wie das von Anfang an Ziel von Paul Zsolnay war, andererseits den Verlag als Adresse für junge Autoren etabliert und etwa Elias Hirschl oder Birgit Birnbacher in den Verlag geholt.

Zsolnay war der Gründer und Eigentümer und hatte den Vorteil, aus einer sehr, sehr wohlhabenden Familie zu stammen. Pauls Eltern, vor allem seine Mutter, hat in Pressburg und in Wien einen Salon geführt, in dem Gustav und Alma Mahler, Richard Coudenhove-Kalergi, Hugo von Hofmannsthal, Richard Strauss ein und aus gegangen sind. Die kommen ja nicht zufällig dahin, da muss es schon Menschen geben, die solche Kapazunder zusammenbringen. Mit der heutigen Situation lässt sich das nicht vergleichen. Nach ein paar Jahren wurde mir klar, dass, sollte es weiter funktionieren, dieser Verlag zu meiner Sache wird. Angebote, nach Deutschland zu gehen, gab es hin und wieder, aber ernsthaft habe ich das nie angestrebt. Ich denke, dass man mit der Stadt, in der man wirkt, verwachsen sein muss, und ich bin mit Wien in vielerlei Hinsicht verwachsen, obwohl ich weder hier geboren bin, noch hier studiert habe. Besonders trifft das auf die Adresse Prinz-Eugen-Straße 30 zu, wo der Verlag seit nun hundert Jahren seinen Sitz hat, und mit den Leuten, die hier mit mir arbeiten.

Zsolnay 2024: Brigitte Kaserer, Annette Lechner, Lena Dorner, Herbert Ohrlinger, Peter Breuer-Guttmann, Astrid Saller, Julia Ramprecht, Bettina Wörgötter, Susanne Rössler, Lucia Frusca

Schauen wir, wie der Verlag jetzt aufgestellt ist. Die Situation für den Buchmarkt ist in den letzten Jahren nicht besser geworden. Sind Teamarbeit und Offenheit für Neues Ihr Rezept, mit dem Sie sich behaupten werden können?

Einfach war es zu keiner Zeit, niemals hat der Handel mit Büchern so funktioniert, wie Verlage das wollten, und vice versa. Dazu kamen die neuen Medien, das E-Book, das Hörbuch, Facebook und Tiktok usw. Man sollte aber nie die Kraft und den Ideenreichtum des deutschsprachigen Buch- und Medienmarktes unterschätzen. Seine Vielfalt und seine Differenzierung sind weltweit einzigartig. Während der letzten Jahrhundertwende gab es sicherlich eine Form von Hybris, die schädlich war. Wir, die Verlage, haben uns massiv überfordert und das Publikum auch. Es gab zu viel von allem. Unter Verlusten hat ein Umdenken eingesetzt, beschleunigt durch Energie-

und Rohstoffkrisen und Konzentrationsprozesse auf allen Ebenen. Um das halbwegs ins Lot zu bringen, mussten wir zurückstecken. Wir machen jetzt wahrscheinlich um ein Viertel bis ein Drittel weniger Bücher als noch vor zehn, fünfzehn Jahren. Aber wir können uns auf jedes einzelne dieser Bücher besser konzentrieren. Darauf wird es ankommen in der Zukunft: ob es uns gelingt, diese zehn, zwölf Bücher im Halbjahr so zu platzieren, dass sie Aufmerksamkeit bekommen. Aufmerksamkeit in einem Bereich, der immer weiter ausfranst. Vor zwanzig Jahren waren Zeitungen doppelt so umfangreich wie jetzt. Die Zeiten, in denen Bücher im Radio und im Fernsehen vorgestellt wurden, waren wesentlich mehr und besser gesetzt. Ohne die Wechselwirkung mit den Medien jeglicher Form können wir unsere Bücher nicht ordentlich präsentieren. Es muss eine möglichst unabhängige und unbeeinflusste Rezeption geben – aber es muss sie überhaupt noch geben. Wenn man nicht mehr über Bücher spricht und es kein Forum mehr gibt, auf dem man sich austauscht, dann gibt es auch kein Forum mehr, auf dem die Menschen überhaupt mit Büchern in Kontakt kommen.

Schauen Sie pessimistisch oder optimistisch in die Zukunft?
Pessimismus ist ein schlechter Ratgeber. Von Robert Musil, einem großen Grantler, stammt der Satz, dass man seiner Zeit nicht dauernd gram sein könne, ohne selbst dadurch Schaden zu nehmen. Ich glaube, jeder, der einmal ein Buch gelesen hat, das ihn so fasziniert, dass er die Welt um sich herum vergisst, wird Leser oder Leserin bleiben. Hat man einmal erlebt, dass Zeit keine Rolle mehr spielt, weil man gefesselt ist von einem Buch, dann hat man die Möglichkeit, das Erlebnis zu wiederholen, indem man ein anderes, neues, altes Buch zur Hand nimmt. Ein solches Erlebnis vergisst man nicht. Deshalb bin ich überzeugt, dass es auch in Zukunft aufregende, unterhaltsame, komplizierte Bücher geben wird, in welcher Form auch immer. Wir müssen aber darauf achten, dass das Lesen nicht zu etwas Elitärem wird. Lesen halte ich für einen Pfeiler unserer Demo-

kratie, ohne den Austausch von Erfahrungen verlieren wir sie. Das macht die sogenannten sozialen Medien so gefährlich, weil sie das Argumentieren blockieren statt es zu fördern. Wir sind verschieden, Unterschiede machen uns aus. Erst wenn ich lese und mir andere Gedanken zu eigen mache, dann bin ich ein Zeitgenosse und nehme Teil am Geschehen der Welt.

WEITERFÜHRENDE LITERATUR

Murray G. Hall: Österreichische Verlagsgeschichte 1918 bis 1938. 2 Bände. Böhlau Verlag, Wien 1985

Murray G. Hall: Der Paul Zsolnay Verlag. Von der Gründung bis zur Rückkehr aus dem Exil. Niemeyer Verlag, Tübingen 1994

Murray G. Hall und Herbert Ohrlinger: Der Paul Zsolnay Verlag 1924 bis 1999. Dokumente und Zeugnisse. Zsolnay Verlag, Wien 1999

Herbert Ohrlinger: Mission und Leidenschaft. Kurt Wolff, Paul Zsolnay und die Literatur der zwanziger Jahre. In: Neue Zürcher Zeitung, 3./4. Juli 2004

Oliver Hilmes: Witwe im Wahn. Das Leben der Alma Mahler-Werfel. Siedler Verlag, München 2004

Peter Stephan Jungk: Franz Werfel. Eine Lebensgeschichte. S. Fischer Verlag, Frankfurt/Main 1987

Barbara Weidle und Ursula Seeber (Hrsg.): Anna Mahler. Ich bin in mir selbst zu Hause. Weidle Verlag, Bonn 2004

Gabriele Reiterer: Anna Mahler. Bildhauerin, Musikerin, Kosmopolitin. Molden Verlag, Wien 2023

Hans Weigel: In die weite Welt hinein. Erinnerungen eines kritischen Patrioten. Hrsg. von Elke Vujica. Literaturedition Niederösterreich, St. Pölten 2008

Hermann Broch und Frank Thiess. Briefwechsel 1929 bis 1938 und 1948 bis 1951. Hrsg. von Paul Michael Lützeler. Wallstein Verlag, Göttingen 2018

Marcel Atze unter Mitarbeit von Tanja Gausterer (Hrsg.): Im Schatten von Bambi. Felix Salten entdeckt die Wiener Moderne. Residenz Verlag, Salzburg 2020

Felix Salten – Stefan Zweig: »Ihre Briefe bewahre ich alle«. Die Korrespondenz von 1903 bis 1939. Hrsg. von Marcel Atze und Arturo Larcati. Wallstein Verlag, Göttingen 2023

Kurt Wolff: Briefwechsel eines Verlegers 1911 bis 1963. Hrsg. von Bernhard Zeller und Ellen Otten. Fischer Taschenbuch Verlag, Frankfurt/Main 1980

Joachim Riedl (Hrsg.): Wien, Stadt der Juden. Die Welt der Tante Jolesch. Zsolnay Verlag, Wien 2004

Gerhard Beckmann: Die schöne Leich' lebt. In: Die Literarische Welt, 2. September 1999

Andreas Trojan: Modell Hanser. Mittelständisch, konzernunabhängig und erfolgreich. In: Börsenblatt des deutschen Buchhandels, 17. Oktober 2000

Roman Sandgruber: Traumzeit für Millionäre. Die 929 reichsten Wienerinnen und Wiener im Jahr 1910. Styria Verlag, Wien 2013

Monika Faber, Hanna Schneck: Foto. Buch. Kunst. Umbruch und Neuorientierung in der Buchgestaltung. Österreich 1840 bis 1940. Schlebrügge. Editor, Wien 2019

Michael Krüger: Verabredung mit Dichtern. Erinnerungen und Begegnungen. Suhrkamp Verlag, Berlin 2023

BILDNACHWEIS

Seite 11 © University of Pennsylvania in Philadelphia, Van Pelt-Dietrich Library Center
Seite 13, 23, 43 © Wienbibliothek im Rathaus, ZPH-1681
Seite 14, 16, 17, 18, 19, 22, 25, 27, 30, 31, 38, 39, 40, 48, 51, 53, 55, 56, 61, 63, 66, 67, 72, 86, 109, 126, 139, 148, 174 © Archiv Paul Zsolnay Verlag
Seite 42, 50 © Deutsches Literaturarchiv Marbach
Seite 44 © Bezirksmuseum Hietzing
Seite 69 oben © Anneke Himpe, unten © Archiv Paul Zsolnay Verlag
Seite 89, 104, 172 © Alexandra Eizinger / Paul Zsolnay Verlag
Seite 100 © Florian Klenk
Seite 113 © Leonhard Hilzensauer
Seite 128 links © kollektiv fischka/fischka.com, mittig © Margit Marnul, rechts © Leonhard Hilzensauer
Seite 133 links © Löcker Verlag, Wien, mittig © ÖNB Wien: Cod. Ser. Nov. 33.894, rechts © Archiv Paul Zsolnay Verlag
Seite 144 links © action press, mittig © Daniel Novotny, rechts © Inge Prader
Seite 154 links oben © Carl Hanser Verlag, mittig oben © Peter-Andreas Hassiepen, rechts oben © Reinhold Gutt, links unten © Jože Suhadolnik/Delo, mittig unten © Vladimira Spindler, rechts unten © Petrina Hicks
Seite 157 © Ioana Nicolaie
Seite 164 links © The Picture Art Collection / Alamy Stock Photo, mittig © Sara Lucas Agutoli, rechts © Gianfranco Calligarich
Seite 166 links © Paula Winkler, mittig © Richard Haufe-Ahmels, rechts © Patrice Normand
Seite 169 links © Julia Haimburger, mittig © Petra Weixelbraun, rechts © Paula Winkler
Seite 179 links © Leonhard Hilzensauer, mittig © Heribert Corn, rechts © René Freund
Seite 191 © Heribert Corn

REGISTER

Abbado, Claudio 122
Achleitner, Friedrich 80, 126, 131, 170 f., 188
Achleitner, Hubert 175
Adenauer, Konrad 141
Adler, H. G. 132
Aescht, Georg 159
Alexijewitsch, Swetlana 160
Amis, Martin 71
Andrić, Ivo 82, 123, 152–154
Anet, Claude 28, 37
Angelova, Penka 138
Antel, Franz 116
Ara, Angelo 87
Archer, Jeffrey 72
Artmann, H. C. 80, 170 f.
Asch, Schalom 36, 40, 42, 44 f.
Auernheimer, Raoul 45

Bachinger, Eva Maria 147
Bachler, Christian 118
Bachmann, Ingeborg 87, 150
Badinter, Élisabeth 142, 144
Bahr, Hermann 134
Bánffy, Miklós 158
Barbusse, Henri 36, 44 f.
Baring, Maurice 37
Barta, Dominik 174 f.
Bartsch, Rudolf Hans 49 f.
Basil, Otto 150
Bast, Gerald 109
Bauby, Jean-Dominique 85, 161
Bauer, W. 76
Baum, Oskar 32
Bayard, Inès 166 f.
Bayer, Konrad 80, 170
Beckett, Samuel 164

Beckmann, Gerhard 71, 77
Beil, Hermann 138 f., 188
Bell, Madison Smartt 82
Benatzky, Ralph 86, 120
Benedikt, Ernst 119
Benedikt, Ilse 119
Beneš, Edvard 145
Benjamin, Walter 145
Berence, Fred 37
Berlitz, Charles 70
Bermann-Fischer, Gottfried 50
Bernhard, Thomas 87
Biasini, Sarah 166
Binar, Ivan 85, 155
Birnbacher, Birgit 174, 176, 190
Bischoff, Karl Heinrich 57–59, 61–63, 68, 183
Blaukopf, Herta 83
Blei, Franz 132 f.
Bloch, J. R. 36
Blom, Philipp 98
Blondel, Jean-Philippe 165
Bodrožić, Ivana 154, 156
Bogdanović, Bogdan 125 f., 171
Bollack, Jean 138
Bondy, Luc 121, 171 f., 188
Bonyhady, Tim 114 f.
Boorman, John 93
Böttiger, Helmut 83
Boulez, Pierre 122
Breuer-Guttmann, Peter 190
Brod, Max 20 f., 26, 29, 40, 44, 134
Brookner, Anita 71
Brook-Sheperd, Gordon 140
Brügel, Fritz 32, 71
Buck, Pearl S. 26, 36, 47, 49, 60 f., 68, 152
Butt, Wolfgang 90

Calligarich, Gianfranco 164 f.
Canetti, Elias 81, 132, 138
Capote, Truman 65
Carrère d'Encausse, Hélène 140
Cărtărescu, Mircea 157 f., 187
Cassirer, Bruno 38
Castiglioni, Camillo 142
Celan, Paul 83
Cerha, Friedrich 122
Chandler, Raymond 92
Charim, Isolde 144 f.
Chvojka, Erwin 131
Cioran, Emil 144
Colerus, Egmont 36, 38, 40
Colette 36, 85, 152
Conrads, Heinz 83
Corobca, Liliana 154, 159, 187
Costa, Felix 20, 24, 29, 32 f., 37 f., 41, 49, 53 f., 56, 65
Coudenhove-Kalergi, Barbara 128 f.
Coudenhove-Kalergi, Mitsuko 129
Coudenhove-Kalergi, Richard 11 f., 15–19, 129, 190
Craig, Gordon A. 140
Cronin, A. J. 36, 47, 49, 60–62, 68
Csejka, Gerhardt 157
Csokor, Franz Theodor 36
Cufaj, Beqë 107

Davidsen, Leif 92
Demetz, Peter 126 f., 145
Dermutz, Klaus 151
De Soto, Hernando 168
De Waal, Benjamin 113
De Waal, Edmund 112–114, 152, 188
De Waal, Elisabeth 133
De Waal, Matthew 113
De Waal, Victor 113
Diederichs, Eugen 9, 15
Dietl, Hannes 52 f.

Dietrich, Marlene 135
Dinev, Dimitré 178
Dinić, Marco 174
Doderer, Heimito von 150
Dollfuß, Engelbert 43, 124
Dominique, Pierre 36
Dor, Milo 125
Dorner, Lena 190
Drach, Albert 81, 181
Drakulić, Slavenka 110 f.
Dreiser, Theodore 36, 45, 60, 68
Durastanti, Claudia 164

Ebermayer, Erich 46, 49
Eckhart, Lisa 169, 176
Eco, Umberto 94, 138
Edl, Elisabeth 82
Edschmid, Kasimir 26, 40, 44, 49
Eidlitz, Walther 36, 39
Einstein, Albert 168
Eisendle, Helmut 80
Eliade, Mircea 144
Elisabeth von Österreich-Ungarn 141
Elster, Hanns Martin 49
Erkurt, Melisa 98
Estaunié, Eduard 36

Fabricius, Johann 49
Felber, Christian 146 f.
Fellini, Federico 173
Ferbers, Jutta 138
Fetz, Bernhard 150
Finke, Edmund 50
Fischer, Heinz 76
Fischer, Jens Malte 120 f., 123
Fischer, Samuel 9, 50, 75
Flor, Olga 170
Forrester, Viviane 85, 137, 146
Frank, Karl Hermann 127
Frank, Niklas 188

Franz Ferdinand von Österreich-Este
134, 189
Franzobel 85, 167–169, 184
Franzos, Karl Emil 187
Freund, René 178, 180 f.
Frischauer, Paul 36, 38, 40, 45, 49
Fröhlich, Hans Jürgen 83, 120
Frusca, Lucia 190
Fuchs, Emil 64

Gallia, Gretl 114 f.
Gallia, Hermine 115
Gallia, Käthe 114 f.
Gallia, Moriz 114 f.
Galsworthy, Ada 14
Galsworthy, John 13–15, 20, 24–26, 36–38, 49, 62, 68, 152
Gaulle, Marie-Agnès de 116
Gauß, Karl-Markus 85, 87, 95 f., 102 f., 107 f., 137, 152 f., 167, 187 f.
Géricault, Théodore 168
Geyer, Rudolf 26
Giroud, Françoise 165
Glattauer, Daniel 178–180
Goebbels, Joseph 57, 145
Goldenberg, Anna 117
Görner, Rüdiger 122
Gradenwitz, Peter 86
Graedener, Hermann 50
Greene, Graham 65, 71, 82, 85, 91, 185
Grill, Andrea 173
Grimm, Hans-Ulrich 146
Groh, Otto Emmerich 50
Groihofer, Marlene 118
Grossmann, Stefan 36
Grün, Lili 40, 49
Grynberg, Henryk 107
Gulda, Friedrich 122
Gustafsson, Lars 88
Gustafsson, Madeleine 88

Habsburg, Wilhelm von 141
Hácha, Emil 126 f.
Hackl, Erich 128
Hadler, Simon 147
Haider, Jörg 91, 96 f.
Hai Schang Schuo Mong Jen 36
Halsman, Philippe 108
Hamann, Sibylle 146
Hammerschlag, Peter 131
Handke, Peter 150
Haneke, Michael 151, 172
Häntzschel, Günter 182
Häntzschel, Hiltrud 182
Harding, Stephen 116
Haringer, Jakob 36
Harnoncourt, Nikolaus 122
Hartlieb, Wladimir von 50
Harvey, Thomas 168 f.
Hatvany, Tilly von 14
Hauptmann, Gerhart 11, 15, 43
Hauptmann, Margarete 43
Haushofer, Marlen 65
Heindl, Martha 84
Heinichen, Veit 92
Helfer, Monika 177
Hell, Bodo 150
Heller, André 172 f.
Helnwein, Gottfried 72
Hemecker, Wilhelm 122, 134
Henisch, Peter 177
Hennenberg, Fritz 86
Henz, Rudolf 76
Hepp, Andreas 119
Hermann, Wolfgang 44
Herzmanovsky-Orlando, Fritz von 150
Heumann, Konrad 122
Hewson, David 93
Heyer, Georgette 65
Hilzensauer, Brigitte 112, 114, 133
Hinterhäuser, Markus 122

Hirn, Lisz 144
Hirschl, Elias 169, 175, 190
Hitler, Adolf 42, 117, 126, 144 f.
Hochgatterer, Paulus 178 f.
Hoffmann, Josef 114 f.
Hofmannsthal, Hugo von 11, 28 f., 31, 122, 133, 136, 190
Hofmann, Wilhelm 56
Holender, Ioan 121
Holl, Adolf 138
Hoppe, Felicitas 182
Horváth, Ödön von 137, 150
Hrdlicka, Alfred 128
Hubert, Reinhold G. 72
Hubert von Goisern. *siehe* Achleitner, Hubert
Humboldt, Wilhelm von 98, 100
Huppert, Isabelle 151
Hurst, Fanny 36

Ilf, Ilja 36
Immendorf, Jörg 72

Jacob, Heinrich Eduard 40, 45
Jacobsen, Jørgen-Frantz 36
Jakobi, Herr 131
Jamalzadeh, Elyas 119
Jameson, Margaret Storm 49
Jančar, Drago 87, 154–156, 187
Jantsch-Streerbach, Albert 52 f., 55 f., 62 f., 65 f.
Jellinek, Oskar 36, 45, 49
Jelusich, Mirko 50
Jensen, Johannes Vilhelm 36
Jesenská, Milena 127

Kaczyński, Jarosław 100
Kafka, Franz 29, 133
Kaindl, Olga 84
Kaiser, Menachem 119 f.

Kallir-Nirenstein, Otto 28
Kaltneker, Hans 28
Kammerer, Paul 178
Kant, Immanuel 149
Karajan, Herbert von 121
Kaserer, Brigitte 190
Kassabova, Kapka 116
Kastberger, Klaus 150
Katajew, Valentin 36, 44
Kathrein, Karin 139
Kehlmann, Daniel 101, 136
King, Stephen 70, 91, 94
Kinstner, Margarita 178
Kippenberg, Anton 9, 75
Klemperer, Victor 100
Klenk, Florian 100 f., 111, 118
Klíma, Ivan 85, 155
Klimt, Gustav 115
Klüger, Ruth 127 f.
Koenig, Alma Johanna 65
Köhlmeier, Michael 148 f., 177
Köhlmeier, Paula 177
Kohl, Walter 107
Kokoschka, Oskar 122, 178
Kola, Richard 10
Koller, Rupert 41
Koontz, Dean R. 71 f.
Kopetzki, Annette 162
Kostia, Felix. *siehe* Costa, Felix
Kotas, Walther Hjalmar 50
Kraft, Herbert 122
Kramer, Theodor 36, 45, 131 f.
Kraus, Karl 138, 182, 187
Kreimeier, Klaus 151
Kreisky, Bruno 118
Krenek, Ernst 41
Krieger, Karin 156, 162
Krüger, Michael 80–85, 87 f., 96, 105, 120, 167, 186
Kurz, Sebastian 101

Lanchester, John 82, 161
Landesmann, Hans 121 f., 139
Langen, Albert 9
Langer, August 66
Larise, Dunja 147
Lasselsberger, Lisa. *siehe* Eckhart, Lisa
Leber, Hermann R. 50
Le Carré, John 70, 72, 88, 91
Lechner, Annette 190
Ledig-Rowohlt, Heinrich Maria 76
Lenin, Wladimir I. 145
Leon, Donna 94
Leonhard, Ernst 71
Leonow, Leonid 36
Lernet-Holenia, Alexander 70, 82, 85
Lewis, Sinclair 26, 40, 152
Lichnowsky, Mechtilde 182
Liessmann, Konrad Paul 86, 97 f., 148 f., 188
Ligeti, György 121
Lind, Jakov 85
Linsinger, Eva 146
Löffler, Sigrid 133
Lorre, Peter 151
Lothar, Ernst 36, 45, 49 f., 133, 136, 185
Lucheni, Luigi 141
Ludlum, Robert 72
Ludwig, Emil 29, 44 f.
Lüpertz, Markus 72
Lyttkens, Alice 36

Madieri, Marisa 154
Magris, Claudio 81-83, 87, 92, 116, 153 f., 187
Mahler, Alma 15, 18, 28, 41, 43, 70, 83, 115, 178, 190
Mahler, Anna. *siehe* Zsolnay, Anna geb. Mahler
Mahler, Gustav 28, 83, 115, 120 f., 123, 190
Maimann, Helene 129

Malaparte, Curzio 162-164
Malouf, David 82, 161
Mankell, Henning 87-94, 161
Mann, Heinrich 16 f., 19 f., 26, 28 f., 40, 44 f., 49
Mann, Thomas 99
Marasco, Wanda 163
Marek, Franz 129
Maria Theresia von Österreich 116, 142
Marsden, Philip 106, 119
Martens, Michael 111, 123, 153
Marterbauer, Markus 137, 146
Martin du Gard, Roger 26, 36, 152
Martini, Carlo Maria 138
Marvin, Lee 93
Marzik, Trude 83
Mason, Richard 65
Mastroianni, Marcello 120
Maupassant, Guy de 173
Maurice, Martin 36
Maxwell, William 82
Mayröcker, Friederike 150
Menasse, Eva 136, 182, 185
Menasse, Robert 99
Mészöly, Miklós 81
Metzl, Ottilie 18
Michaelis, Tatjana 88
Michel, Robert 49
Michler, Werner 181
Milborn, Corinna 146
Mildenburg, Anna von 120
Miller, Andrew 86, 161
Milošević, Slobodan 125
Minc, Alain 137
Mishani, Dror 93
Moberg, Vilhelm 36
Moll, Carl 115
Molnár, Franz 36
Molo, Walter von 40
Móricz, Zsigmond 36, 62

Mortier, Gérard 139
Moser, Michaela 147
Mujila, Fiston Mwanza 165 f.
Müller, Georg 9
Müller, Hans-Harald 71, 122
Müller, Herta 131 f.
Müller, Lothar 163
Mumelter, Hubert 49
Musil, Robert 76, 96, 99, 133, 173
Mussolini, Benito 144 f., 163
Muxel, Ludwig 148

Natonek, Hans 32, 71
Nestroy, Johann 181
Neumann, Robert 36, 40, 44 f.
Neurath, Otto 124
Nietzsche, Friedrich 148
Nikolaus II. von Russland 140
Nüchtern, Hans 49
Nyiró, Jószef 36

Ohrlinger, Herbert 79, 84 f., 87–89, 91, 94–96, 103–106, 112, 114, 120, 127, 130 f., 133 f., 149, 155, 157, 167 f., 170, 183, 190
Oplatka, Andreas 144, 158
Orbán, Viktor 100
Orlik, Emil 115
Osborne, Richard 121
Österle, David 135

Pârvulescu, Ioana 159
Pastior, Oskar 81
Pauli, Hertha 133 f., 189
Pearson, Ada 14
Penz, Rudolf 66
Perutz, Leo 36, 45, 49, 68, 71, 82, 122 f., 130, 181, 189
Petrow, Evgenij 36
Peymann, Claus 138
Pfabigan, Alfred 87, 138

Piper, Reinhard 9
Placzek, Adolf 131
Platzgumer, Hans 174
Polak, Hans W. 70, 73–76
Polgar, Alfred 85, 95, 130, 133, 135, 187 f.
Pollack, Dr. 131
Pollack, Martin 107–110, 160, 188
Pollak, Anita 79
Popa, Vasko 81
Potok, Chaim 106
Powys, John Cowper 36
Pressburger, Gertrude 117 f.
Priestley, J. B. 65
Puganigg, Ingrid 177

Qiu, Xiaolong 92

Rabinovici, Doron 100, 136
Rabinowich, Julya 178
Rachmaninow, Sergei 117
Raimund, Ferdinand 182
Rainalter, Erwin H. 50
Ramprecht, Julia 190
Rath, Ari 128
Rathkolb, Oliver 142 f.
Rauch, Dietrich 73, 75
Rebreanu, Liviu 159
Reichensperger, Richard 79
Reich-Ranicki, Marcel 95
Reinhardt, Max 136, 142
Reisenberger, Brigitte 146
Reiß, Erich 75
Renner, Gerhard 74
Renner, Karl 43, 124
Renoldner, Klemens 181
Riccarelli, Ugo 162
Richter, Hans 28
Rietzschel, Thomas 98
Rilke, Rainer Maria 133, 145
Roberts, Sophy 117

Roda Roda 36
Roelcke, Eckhard 121
Rogenhofer, Katharina 145
Rohde, Gerhard 139
Roland, Ida 12, 15, 18
Rollett, Edwin 65
Rössler, Susanne 183, 190
Roth, Joseph 29, 112, 137, 173, 182, 187
Röttger, Karl 49
Rowling, J. K. 91
Rowohlt, Ernst 9, 75
Rubinstein, Arthur 117
Rubitschik, Otto 131
Rüb, Matthias 143
Rühm, Gerhard 80, 170 f.
Russell, Bertrand 65

Saage, Richard 124
Saba, Umberto 87, 154
Sadlon, Magdalena 169
Saller, Astrid 190
Salten, Felix 11, 13, 15, 18, 22, 24, 38, 45, 49 f.
Salvini, Matteo 100
Sandner, Günther 124
Sarkozy, Nicolas 137
Schaffner, Jakob 49
Schalit, Leon 20, 24
Scheibelreiter, Ernst 49
Schenk, Martin 147
Scheuba, Florian 101
Schiff, András 122
Schirach, Ferdinand von 151
Schlag, Evelyn 170
Schlattner, Eginald 87, 154 f.
Schlederer, Florian 145
Schlögl, Michaela 138
Schlüter, Reinhard 142
Schmidinger, Thomas 147
Schmidt-Dengler, Wendelin 138, 181

Schmidt, Martina 177
Schmitt, Oliver Jens 144
Schmitz, Elio 87, 154
Schneider, Romy 166
Schnitzler, Arthur 11, 15, 17–20, 28 f., 31, 44 f., 122, 134 f., 173
Schnitzler, Heinrich 134
Schönberg, Arnold 86, 120
Schönwald, Rudolf 127 f.
Schreyvogl, Friedrich 29 f.
Schubert, Franz 83, 120
Schuh, Franz 102–104, 173, 188
Schulz, Josef 111
Schümer, Dirk 94
Schürz, Martin 137
Schuschnigg, Artur 76
Schuschnigg, Kurt 51 f.
Schüssel, Wolfgang 97
Schwaiger, Brigitte 70
Schwarzenberg, Karel 127
Schwefel, Arnold 32 f.
Sciascia, Leonardo 91, 162
Seelig, Carl 135
Seifert, Thomas 146 f.
Seitz, Claus 139
Serke, Jürgen 71
Servan-Schreiber, Jean-Jacques 165
Shakespeare, William 170
Simmel, Johannes Mario 65, 67
Sinkovicz, Wilhelm 86
Sinsheimer, Hermann 49
Sjöwall, Maj 90
Šnajder, Slobodan 160
Snyder, Timothy 141
Sochaczewer, Hans 44 f.
Sonnenschein-Sonka, Hugo 36, 45
Specht, Richard 28
Speer, Albert 188
Sperl, Gerfried 97
Spiel, Hilde 36, 45, 49, 122, 187

Spunda, Franz 49 f.
Stadelmaier, Gerhard 139, 188
Stalin, Josef 142, 145
Stark, Richard 93 f.
Stefan, Paul 28
Steinbeck, John 85
Steinfeld, Thomas 163
Sternheim, Carl 26, 38
Stieger, Cyrill 144
Stift, Linda 177
Stingl, Nikolaus 86, 161, 185
Strache, H. C. 118
Strauss, Franz 28
Strauss, Richard 11, 15, 28, 190
Strigl, Daniela 150
Strobl, Karl Hans 50
Strouhal, Ernst 119
Stuppäck, Hermann 50
Suckert, Kurt Erich. *siehe* Malaparte, Curzio
Suljagić, Emir 111
Sveistrup, Søren 93
Svevo, Italo 87, 154
Swartz, Richard 115

Taussig, Else 21
Thaler, Leopold 39
Thieberger, Richard 76
Thiele, Rita 138
Thiess, Florence 53
Thiess, Frank 53 f.
Thom, Andreas 36
Thorpe, Nick 115 f.
Thurnher, Armin 87, 96 f., 99–101, 188
Tito, Josip Broz 125
Tode, Emil 85
Tolstoi, Lew 28
Tomizza, Fulvio 92, 153
Torberg, Friedrich 32 f., 36, 45
Trakl, Georg 122

Treichl, Heinrich 124 f.
Trintignant, Jean-Louis 151
Truschner, Peter 170
Tschaikowsky, Pjotr I. 117
Tschechow, Anton 37, 39
Tucholsky, Kurt 122

Ungar, Hermann 71
Urbanitzky, Grete von 36, 49

Van der Bellen, Alexander 118
Varè, Daniele 36, 162
Verne, Jules 82
Veronesi, Sandro 163
Vesper, Will 51, 75
Viežnaviec, Eva 161
Vorpsi, Ornela 156
Vosganian, Varujan 159
Vranitzky, Franz 125

Wache, Karl 50
Wagner, Richard 28, 120, 123
Wahlöö, Per 90
Waldheim, Kurt 128
Walser, Martin 127
Walser, Robert 32
Wedekind, Frank 133
Weigel, Sigrid 87, 138
Weingartner, Felix von 11
Weinzierl, Ulrich 122, 134 f., 139, 182, 188
Weiss, Carl 131
Weiss, Hans 146
Weiss, Lisa 131
Wells, H. G. 36, 40, 43, 45, 47–49, 68, 82
Wells, Marjorie 47 f.
Welzig, Werner 76
Wenter, Josef 50
Werfel, Franz 10–12, 15, 18, 20, 22 f., 26 f., 29, 31, 37, 39–41, 44 f., 50, 79, 159, 183, 189
Werner-Lobo, Klaus 146, 147

205

Westlake, Donald E.. *siehe* Stark, Richard
Wichner, Ernest 159
Wiener, Oswald 170
Wilk, Mariusz 110
Willnauer, Franz 120 f.
Winder, Ludwig 32, 134, 189
Winkler, Andrea 172
Wittner, Viktor 36
Wolff, Kurt 9, 26, 75
Wolf-Grießhaber, Katharina 153
Wörgötter, Bettina 179, 190

Zaller, Johann G. 146
Zarek, Otto 45
Zeindler, Peter 72
Zernatto, Guido 51
Zilahy, Lajos 36
Zischler, Hanns 185
Zsolnay, Adolf 14, 20, 41
Zsolnay, Alma 42, 53
Zsolnay, Amanda (Andy) 10, 15, 18, 20, 70, 190
Zsolnay, Anna geb. Mahler 41–43, 83
Zsolnay, Friedrich 18
Zsolnay, Paul 10, 12–18, 20 f., 24, 26–30, 32, 35–42, 45–47, 49–51, 53–55, 62–66, 68, 70, 74–76, 83, 114, 123, 130, 189 f.
Zur Mühlen, Hermynia 182
Zweig, Stefan 150, 181